मीर की नुमाइंदा शायरियाँ

मीर की नुमाइंदा शायरियाँ

SANAGE
PUBLISHING HOUSE

Paperback: 978-936205401-2
Hardback: 978-936205243-8
eBook: 978-936205783-9

Printed by:

Sanage Publishing House LLP
Mumbai, India

sanagepublishing@gmail.com

विषय-वस्तु

मीर की नुमाइंदा शायरियाँ

मीर तक़ी मीर : जिन्हें ख़ुदा-ए-सुखन कहा गया

'रेख़्ते के तुम्हीं उस्ताद नहीं हो ग़ालिब,
कहते हैं अगले ज़माने में कोई मीर भी था।'

मिर्जा ग़ालिब ने यह बात उस मीर तक़ी मीर के लिए कही, जिन्हें ख़ुदा-ए-सुखन यानी उर्दू शायरी का ख़ुदा कहा जाता है। रेख़्ता का मतलब शुरुआती उर्दू। यह मीर का ही प्रभाव था कि ग़ालिब को फ़ारसी छोड़कर तब की उर्दू ज़ुबान में लिखने को मज़बूर होना पड़ा। उस दौर में कुछ अन्य मशहूर शायर जैसे सौदा, मज़हर, नज़ीर अकबराबादी ने भी उर्दू में लिखा, लेकिन मीर का असर आम से लेकर ख़ास पर सबसे ज़्यादा था।

'दीवाने मीर' में लेखक अली सरदार जाफ़री फ़रमाते हैं, 'यूँ तो आज आम लोकप्रियता के विचार से ग़ालिब और इक़बाल, मीर से काफ़ी आगे हैं। दोनों शायरों के दीवान और किताबें अलब्बत 'कुल्लियाते-मीर' की अपेक्षा ज़्यादा पढ़ी व बिकी है। इनके शेर आम ज़ुबान पर ज़्यादा हैं, वर्तमान शायरी पर इनकी अधिक व स्पष्ट छाप है। बावजूद इसके फिर भी ग़ालिब और इक़बाल की शायराना महानता को इनकार करने वाले मौजूद हैं। मगर मीर की उस्तादी से इनकार करने वाला कोई नहीं है।

आख़िर ऐसे कैसे? मीर ने अपने जीवन के बारे में 'ज़िक्र-ए-मीर' में लिखा है।

मीर के बुज़ुर्ग हिजाज़ (अरब का प्रांत) से भारत आये थे। पहले वे हैदराबाद गए, वहाँ से अहमदाबाद और आखिर में अकबराबाद (आगरा) आकर बस गए। यहीं "मीर" का जन्म 1723 में हुआ। महीने की जिक्र फरवरी है, लेकिन जन्म की तारीख़ ना मालूम ही है।

मीर को उर्दू के उस प्रचलन के लिए याद किया जाता है, जिसमें उन्होंने फ़ारसी और हिन्दुस्तानी के शब्दों का अच्छा मिश्रण किया। सिर्फ़ 10 साल की

उम्र में उनके पिता दुनिया को छोड़ गए। लिहाज़ दारोमदार मीर के कांधों पर आ गया। वह नौकरी की तलाश में दिल्ली गए, जहाँ नवाब सम्सामुद्दौला ने उन्हें एक रुपया रोज़ गुजारे का दिया। नवाब सम्सामुद्दौला की शर्गिदी में उर्दू की अदब और ज़ुबान पर पकड़ मज़बूत की। यहीं अच्छे शायरों की सोहबत भी मिली। साल 1739 में फ़ारस के नादिर शाह ने दिल्ली पर हमला किया, जिसमें नवाब सम्सामुद्दौला मारे गए। अहमद शाह अब्दाली और नादिरशाह के हमलों से दिल्ली उजाड़ हो चुकी थी, जिस मंज़र को मीर ने अपनी आँखों से देखा था। यही दर्द उनकी ग़ज़लों में आगे देखने को मिला।

दिल्ली में आज भीक भी मिलती नहीं उन्हें

था कल तलक दिमाग़ जिन्हें ताज-ओ-तख़्त का

या कि

ज़ख़्म झेले दाग़ भी खाए बहुत

दिल लगा कर हम तो पछताए बहुत

मीर के बारे में ग़लतफ़हमी यह है कि वे रोज़मर्रा के शायर थे। उनकी शायरी की ज़बान रोज़मर्रा की है, ख़याल तो ऊंचे स्तर के हैं। बहुत सारी जगहों पर उन्होंने अरबी और फ़ारसी लफ़्ज़ों का भी इस्तेमाल किया है। पर ग़ालिब की तरह उनके विचार अमूर्त न होकर किसी ज़मीं पर खड़े हैं, जो असल को सरल तरीक़े से कहते हैं। उनकी शयरी घुमाव पैदा नहीं करती। उनकी ज़ुबान में बेतकल्लुफ़ी है। प्रेम और प्रणय को भी उन्होंने बखूबी लिखा। मिसाल के तौर पर देखिए;

पत्ता पत्ता बूटा बूटा हाल हमारा जाने है

जाने न जाने गुल ही न जाने बाग़ तो सारा जाने है

मीर तक़ी मीर ने जब लिखना शुरू किया तो बस लिखते रहे। फिर तो क़लम उनकी सांस थमने के साथ ही रुकी। तक़रीबन ढाई हज़ार ग़ज़लें और उनमें से निकले शेरों ने उम्दा मुक़ाम हासिल किया। आज भी उनके चाहने वालों की कमी नहीं है। उनका जादू और तिलिस्म इस प्रकार का है उससे पाठकों का निकल पाना बेहद मुश्किल होता है।

1

पत्ता पत्ता बूटा बूटा हाल हमारा जाने है

पत्ता पत्ता बूटा बूटा हाल हमारा जाने है
जाने न जाने गुल[1] ही न जाने बाग़ तो सारा जाने है

लगने न दे बस हो तो उस के गौहर[2]-ए-गोश को बाले तक
उस को फ़लक चश्म-ए-मह-ओ-ख़ुर[3] की पुतली का तारा जाने है

आगे उस मुतकब्बिर[4] के हम ख़ुदा ख़ुदा किया करते हैं
कब मौजूद ख़ुदा को वो मग़रूर-ए-ख़ुद-आरा[5] जाने है

आशिक़ सा तो सादा कोई और न होगा दुनिया में
जी के ज़ियाँ को इश्क़ में उस के अपना वारा जाने है

क्या ही शिकार-फ़रेबी पर मग़रूर है वो सय्याद बचा
ताइर[6] उड़ते हवा में सारे अपने असारा[7] जाने है

1. फूल, 2. मोती, 3. आँखे चाँद सूरज की भांति, 4. अभिमानी 5. घमंडी, 6. पक्षी, 7. कैद।

इस अहद में इलाही मुहब्बत को क्या हुआ

इस अहद[1] में इलाही[2] मुहब्बत को क्या हुआ
छोड़ा वफ़ा को उसने मुव्वत[3] को क्या हुआ

उम्मीद-वारे वादा-ए-दीदार[4] मर चले
आते ही आते यारो क़यामत को क्या हुआ

बख्शिश[5] ने मुझको अब्र-ए-करम[6] की किया ख़जिल[7]
ऐ चश्म[8] जोशे-अश्के-नदामत[9] को क्या हुआ

जाता है यार तेग़-बकफ[10] गैर की तरफ़
ऐ कुश्ते-सितम[11] तेरी ग़ैरत को क्या हुआ

थी साब आशिक़ी की बदायत[12] ही 'मीर' पर
क्या जानिए कि हाल-ए-निहायत को क्या हुआ

---

1. दौर, युग, 2. भगवान, 3. आदर, सामान 4. वह इच्छुक जिससे दीदार का वादा किया गया हो, 5. खैरात, 6. कृपा के बादल, 7. शर्मिन्दा, 8. आंख, 9. पछतावे के अश्रुओं का उमड़ना, 10. तलवार हाथ में लिए, 11. जुल्म का मारा हुआ 12. शुरुआत।

३

क़त्ल किए पर ग़ुस्सा क्या है लाश मिरी उठवाने दो

क़त्ल किए पर ग़ुस्सा क्या है लाश मिरी उठवाने दो
जान से भी हम जाते रहे हैं तुम भी आओ जाने दो

जान सलामत ले कर जावे काबा में तो सलाम करें
एक जराहत[1] उन हाथों का सैद-ए-हरम[2] को खाने दो

अबके बहुत है शोर-ए-बहाराँ[3] हम को मत ज़ंजीर करो
दिल की हवस[4] टुक हम भी निकालें धूमें हम को मचाने दो

अर्सा[5] कितना सारे जहाँ[6] का वहशत[7] पर जो आ जावें
पाँव तो हम फैलावेंगे पर फ़ुर्सत हम को पाने दो

क्या जाता है इस में हमारा चुपके हम तो बैठे हैं
दिल जो समझना था सो समझा नासेह[8] को समझाने दो

बात बनाना मुश्किल सा है शेर सभी याँ कहते हैं
फ़िक्र-ए-बुलंद[9] से यारों को एक ऐसी ग़ज़ल कह लाने दो

---

1. घाव, जख्म 2. वह पशु-पक्षी जिनका शिकार करना मना हो 3. वसंत ऋतु में पशु पक्षियों द्वारा होने वाला कोलाहल 4. लोलुपता 5. दौर, ज़माना 6. सृष्टि. संसार 7. पागलपन 8. प्रवचन या उपदेश देने वाला 9. ज्यादा चिंता या कल्पना करना।

शिकवा करूँ मैं कब तक उस अपने मेहरबाँ का

शिकवा करूँ मैं कब तक उस अपने मेहरबाँ का
अल-क़िस्सा[1] रफ़्ता[2] रफ़्ता दुश्मन हुआ है जाँ का

दी आग रंग-ए-गुल[3] ने वां ऐ सबा चमन को
यां हम जले क़फस[4] में सुन हाल आशियां का

कम-फुर्सती[5] जहां के मजमे की कुछ न पूछो
अहवाल[6] क्या कहूं मैं इस मजलिस-ए-रवां[7] का

या रोए या रुलाया अपनी तो यूं ही गुज़री
क्या ज़िक्र हम-सफ़ीरां[8] यारान-ए-शादमां[9] का

क़ैद-ए-क़फ़स[10] में हैं तो ख़िदमत[11] है नालगी[12] की
गुलशन में थे तो हम को मंसब[13] था रौज़ा-ख़्वाँ[14] का

---

1. झगडा, 2. बिता हुआ, 3. फूल का रंग, 4. पक्षियों का पिंजरा, 5. जिसके पास फुरसत न हो; खाली समय की कमी, 6. परिस्थितियों का अंदेशा, 7. हर समय चलती हुई बैठकें, 8. दोस्तों , एक जैसी पीड़ा से ग्रसित, 9. प्रसन्न रहने वाले दोस्त, 10. पिंजरे की कैद, 11. सेवा, 12. रोना, विलाप करना 13. कर्तव्य, 14. मृत व्यक्ति के लिए प्रार्थना करने वाला।

क्या कहें अपनी उस की शब की बात

क्या कहें अपनी उस की शब[1] की बात
कहिए होवे जो कुछ भी ढब[2] की बात

अब तो चुप लग गई है हैरत[3] से
फिर खुलेगी ज़बान जब की बात

नुक्ता-दानान-ए-रफ़्ता[4] की न कहो
बात वो है जो होवे अब की बात

किस का रू-ए-सुख़न[5] नहीं है उधर
है नज़र में हमारी सब की बात

ज़ुल्म है क़हर[6] है क़यामत[7] है
गुस्से में उस के ज़ेर-ए-लब[8] की बात

कहते हैं आगे था बुतों[9] में रहम
है ख़ुदा जानिए ये कब की बात

1. रात 2. सही प्रकार से किया गया काम 3. हैरानी अचंभा 4. कलामर्मज्ञ 5. बात का लक्ष्य, संबोधन 6. विपत्ति 7. विनाश, प्रलय 8. होठों ही होठों में कही गई बात 9. मूर्तियों।

6

उस शोख़ से हमें भी अब यारी हो गयी है

उस शोख़[1] से हमें भी अब यारी हो गयी है
शर्म अँखड़ियों में जिसकी अय्यारी[2] हो गयी है

रोता फिरा हूँ बरसों लोहू चमन-चमन मैं
कूचे में उसके यकसर[3] गुल-कारी[4] हो गयी है

उस से दो-चार होना आता नहीं मयस्सर[5]
मरने में इससे हमको नाचारी[6] हो गयी है

शाही[7] से कम नहीं है दरवेशी[8] अपनी हां तो
अब ऐब कुछ जहां में नादारी[9] हो गयी है

हमको तो दर्दे-दिल है तुम ज़र्द[10] क्यों हो इतने
क्या 'मीर' जी तुम्हें कुछ बीमारी हो गयी है

---

1. चंचल, 2. चतुरता, 3. समग्र, 4. फूल.बूटे बनाना, 5. संभव है, पाना, 6. लाचारी, बेबस होना, 7. राजा का राज्य, सत्ता, 8. निर्धन, 9. गरीबी, 10. पीला रंग पड़ना।

7

यार दोस्ती बिन तल्ख जिन्दगानी थी

यार दोस्ती बिन तल्ख[1] जिन्दगानी थी
दोस्ती मुद्दई-ए-जानी[2] थी

लुत्फ़[3] पर उसके हमनशीं[4] मत जा
कभू हम पर भी मेहरवानी थी

हाथ आता जो तू तो क्या होता
बरसों तक हमने खाक छानी थी

मेरे क़िस्से से सब की गयीं नींदें
कुछ अजब तौर की कहानी थी

फुक[5] पर भी था 'मीर' के इक रंग
कफ़नी पहनी सो जाफ़रानी[6] थी

अर्थ. 1. कड़वी, 2. जान की शत्रु, 3. सहानुभूति, 4. मित्र, 5. फकीरी, 6. केसरिया।

अल्लाह रे अंदलीब की आवाज़-ए-दिल-ख़राश

अल्लाह रे अंदलीब[1] की आवाज़-ए-दिल-ख़राश[2]
जी ही निकल गया जो कहा उन ने हाए गुल

मक़्दूर[3] तक शराब से रख अँखड़ियों में रंग
ये चश्मक-ए-प्याला[4] है साक़ी हवा-ए-गुल[5]

ये देख सीना दाग़ से रश्क-ए-चमन[6] है याँ
बुलबुल सितम हुआ न जो तू ने भी खाए गुल

बुलबुल हज़ार जी से ख़रीदार उस की है
ऐ गुल-फ़रोश[7] करियो समझ कर बहा-ए-गुल[8]

निकला है ऐसी ख़ाक से किस सादा-रू[9] की ये
क़ाबिल दुरूद[10] भेजने के है सफ़ा-ए-गुल[11]

बारे सरिश्क-ए-सुर्ख़[12] के दाग़ों से रात को
बिस्तर पर अपने सोते थे हम भी बिछाए गुल

गुलचीं[13] समझ के चुनियो कि गुलशन में 'मीर' के
लख़्त-ए-जिगर[14] पड़े हैं नहीं बर्ग-हा-ए-गुल[15]

---

1. बुलबुल 2. बहुत तेज़ आवाज़ 3. हौसला, हिम्मत 4. प्याले की ओर इशारा 5. फूल 6. जिसे देख कर चमन को भी ईर्ष्या हो 7. फूल बेचने वाला, माली 8. फूलों का मूल्य 9. सीधा.सादा व्यक्ति 10. लकड़ी 11. फूलों की शांति 12. खूनी के आँसू 13. फूलों को तोड़ने वाला 14. जिगर का टुकड़ा 15. कलियाँ।

हर जी-हयात का है सबब जो हयात का

हर जी-हयात[1] का है सबब जो हयात का
निकले है जी उसी के लिए कायनात[2] का

बिखरे है ज़ुल्फ़ उस रुखे-आलमफ़रोज़'[3] पर
वरना बनाव होवे ना दिन और रात का

उसके फ़रोग- ए - हुस्न[4] से झुमके है सब में नूर[5]
शमए-हरम[6] हो या कि दीया सोमनाथ का

क्या 'मीर' तुझको नामा-स्याही[7] की फ़िक्र है
खत्मे-रुसुल[8] सा शख्स है ज़ामिन[9] नजात[10] का

1. प्राणी, जीव, 2. दुनिया, संसार, 3. संसार को अपनी रोशनी से रोशन करने वाला चेहरा, 4. खूबसूरती का उजाला, 5. प्रकाश, 6. का'बे की रौशनी, 7. कर्मपत्र की कालिख, 8. हजरत मुहम्मद, 9. किसी काम का उत्तरदायी, जमानत देने वाला, 10. मुक्ति, आजादी।

10

देखेगा जो तुझ रो को सो हैरान रहेगा

देखेगा जो तुझ रो को सो हैरान रहेगा
वाबस्ता[1] तिरे मू[2] का परेशान रहेगा

मुनइम[3] ने बना[4] जुल्म की रख घर तो बनाया
पर आप कोई रात ही मेहमान रहेगा

छूटूँ[5] कहीं ईज़ा[6] से लगा एक ही जल्लाद[7]
ता-हश्र[8] मेरे सर पे ये एहसान रहेगा

जाने का नहीं शोर सुख़न[9] का मेरे हरगिज़[10]
ता-हश्र[11] जहां[12] में मेरा दीवान रहेगा

---

1. प्रतिबद्ध, 2. बाल 3. पुरस्कार देने वाला, अमीर, 4. नींव, 5. बच जाएंगे 6. दुख, 7. निर्दयी 8. लम्बे समय तक, विनाश तक 9. बात 10. कदापि 11. कयामत के दिन, 12. जगत, संसार।

11

अल्लह रे ग़ुरूर-ओ-नाज़ तेरा

अल्लह रे ग़ुरूर-ओ-नाज़[1] तेरा
मुतलक़[2] नहीं हम से साज़[3] तेरा

हम से कि तुझी को जानते हैं
जाता नहीं एहतिराज़[4] तेरा

मिल जिन से शराब तू पिए है
कह देते हैं वो ही राज़ तेरा

कुछ इश्क़-ओ-हवस[5] में फ़र्क़ भी कर
कीधर है वो इम्तियाज़[6] तेरा

कहते न थे 'मीर' मत कुढ़ा कर
दिल हो न गया गुदाज़[7] तेरा

1. अभिमान 2. वास्ताव में 3. मेल 4. बाधा डालना, हस्तक्षेप करना 5. प्रेम और लोलुपता 6. अंतर 7. नर्म, कोमल।

12

मीर-ए-गुम-कर्दा चमन ज़मज़मा पर्दाज़ है एक

मीर-ए-गुम-कर्दा चमन[1] ज़मज़मा पर्दाज़ है एक
जिसकी लय दाम[2] से ता-गोशे-गुल[3] आवाज़ है एक

कुछ हो ऐ मुर्ग-ए-क़फ़स लुत्फ़ न जावे उससे
नौहा[5] या नाला[6] हर इक बात का अन्दाज़ है एक

ना-तवानी[7] से नहीं बाल-फ़िशानी[8] का दिमाग़
वर्ना तबाग क़फ़स[9] से मिरी परवाज़[10] है एक

गोश[11] को होश के टुक खोल के सुन शोर-ए-जहां
सबकी आवाज़ के पर्दे में सुख़न-साज़[12] है एक

चाहे जिस शक्ल से तिमसाल-सिफ़्त[13] इसमें दर आ
आलम- आईने के मानिन्द दर-ए-वाज़[14] है एक

---

1. जिसका उपवन खो गया हो, 2. जाल, 3. पुष्प के कान तक, 4. पिंजरे का परिन्दा, 5. दुख का नग्मा, 6. जोर से चीखना, 7. कमजोरी, दुर्बलता 8. बिखरे बाल, 9. पक्षियों का पिंजरा, 10. उड़ान, 11. कान, 12. बातें बनाने वाला, 13. चित्र की भांति, 14. खुला हुआ दरवाजा।

13

कब तक रहेंगे पहलू लगाए ज़मीं से हम

कब तक रहेंगे पहलू लगाए ज़मीं से हम
ये दर्द अब कहेंगे किसू शाना-बीं[1] से हम

तलवारें कितनी खाई हैं सिजदे में इस तरह
फ़रियादी[2] होंगे मल के लहू को जबीं[3] से हम

होता है शौक[4] वस्ल[5] का इन्कार से ज़ियाद[6]
कब तुझसे दिल उठाते हैं तेरी नहीं से हम

उड़ती है खाक[7] शहर की गलियों में अब जहां
सोना लिया है गोदों में भरकर वहीं से हम

आवारा-गर्दी अपनी खिंची[8] 'मीर' तूल को
अब चाहेंगे दु'आ किसू 'उज़्लत-नशीं से हम

---

1. बाला इंसान 2. इल्तिज़ा करने वाला, 3. मस्तक, 4. ख्वाहिश, 5. मिलन, 6. ज्यादा, 7. धूल, 8. खीचना।

14

आज-कल बे-क़रार हैं हम भी

आज-कल बे-क़रार[1] हैं हम भी
बैठ जा चलने हार हैं हम भी

आन में कुछ हैं आन में कुछ हैं
तोहफ़ा-ए-रोज़गार[2] हैं हम भी

मन'-ए-गिर्या[3] न कर तू ऐ नासेह[4]
इस में बे-इख़्तियार[5] हैं हम भी

दरपय-ए-जान[6] है क़रावल मर्ग[7]
किसू के तो शिकार हैं हम भी

नाले[8] करियो समझ के ऐ बुलबुल
बाग़ में यक[9] कनार[10] हैं हम भी

मुद्दई' [11]को शराब हम को ज़हर
आक़िबत[12] दोस्त-दार[13] हैं हम भी

गर ज़-ख़ुद रफ़्ता[14] हैं तिरे नज़दीक
अपने तो यादगार हैं हम भी

'मीर' नाम इक जवाँ सुना होगा
उसी आशिक़ के यार[15] हैं हम भी

---

1. परेशान 2. दुनिया की भेंट 3. रोने न देना 4. प्रवचन देने वाला 5. बरबस 6. जान देने पर आमादा 7. मृत्यु 8. शोर 9. अकेला 10. एक ओर 11. प्रतिवादी 12. परिणाम 13. शुभचिंतक 14. बेसुध 15. मित्र।

कभू 'मीर' उस तरफ़ आकर जो छाती कूट जाता है

कभू 'मीर' उस तरफ़ आकर जो छाती कूट जाता है
ख़ुदा शाहिद[1] हैं अपना तो कलेजा टूट जाता है

खराबी दिल की क्या अम्बोह-ए-दर्दे-गम[2] से पूछो हो
वही हालत है जैसे शहर लश्कर लूट जाता है

न यूं होवे कि उठ जाऊं कि है अफ़सोस की जागह
जब ऐसा ताइर-ए-खुश-लहजा[3] फंसकर छूट जाता है

नहीं कुछ अक़्ल[4] में आता कि दीवाना सा 'मीर' ईधर
कभू आता जो है कीधर को मारे ज़ूट जाता है

---

1. गवाह, 2. दुखातिरेक 3. सुरीले कंठ वाला परिन्दा, 4. बुद्धि।

16

जुनूँ का अबस मेरे मज़कूर है

जुनूँ का अबस[1] मेरे मज़कूर[2] है
जवानी दिवानी तो मशहूर है

गदा[3] दोनों हैं दिल-बाख्ता[4]
अजब इश्क़-बाज़ी का दस्तूर[5] है

गया शायद उस शमा-रू[6] का खयाल
कि अब 'मीर' के मुंह पे कुछ नूर है

नियाज़[7]अपना जिस मर्तबे[8] में है याँ
उसी मर्तबे में वो मग़रूर[9] है

---

1. व्यर्थ, 2. चर्चा, 3. भिक्षुक, 4. हृदय हारे हुए, 5. प्रथा 6. खूबसूरत महबूबा, 7. प्रार्थना करना 8. खाते में, 9. घमंडी।

आज हमें बेताबी से ही सब्र की दिल से रुखसत थी

आज हमें बेताबी से ही सब्र की दिल से रुखसत[1] थी
चारों ओर निगह करने में आलम-आलम हसरत थी

बदनामी क्या इश्क़ की कहिए रुसवाई[2]-रुसवाई है
सहरा-सहरा वहशत[3] भी थी दुनिया- दुनिया तोहमत[4] थी

राह की कोई सुनता न था यां रस्ते में मानिन्द-ए-जरस[5]
शोर-सा करते जाते थे हम बात की किसको ताक़त थी

जो उठता है यां से बगूला हम-सा है आवारा कोई
इस वादी[6] में 'मीर' मगर सर-गश्ता[7] किसू की तुरबत[8] थी

1. प्रस्थान, 2. बदनामी, 3. वन, 4. इल्ज़ाम, 5. कारवां की घंटियों के स्वर की भांति, 6. घाटी, 7. हैरानी, 8. क़ब्र, समाधि।

आराम हो चुका मिरे जिस्म-ए-नज़ार को

आराम हो चुका मिरे जिस्म-ए-नज़ार[1] को
रक्खे ख़ुदा जहाँ में दिल-ए-बे-क़रार को

पानी पे जैसे गुंचा-ए-लाला[2] फिरे बहा
देखा मैं आँसुओं में दिल-ए-दाग़-दार[3] को

बरसा तो मेरे दीदा-ए-ख़ूँबार[4] के हुज़ूर
पर अब तक इंफ़िआल[5] है अब्र-ए-बहार[6] को

हँसता ही मैं फिरूँ जो मिरा कुछ हो इख़्तियार[7]
पर क्या करूँ मैं दीदा-ए-बे-इख़्तियार[8] को

आया जहाँ में दोस्त भी होते हैं यक दिगर
मुझ से तो दुश्मनी ही रही मेरे यार को

किस किस की ख़ाक अब की मिलानी है ख़ाक में
जाती है फिर नसीम[9] उसी रहगुज़ार[10] को

ऐ वो कोई जो आज पिए है शराब-ए-ऐश[11]
ख़ातिर[12] में रखियो कल के भी रंज-ओ-ख़ुमार[13] को

---

1. कमजोर शरीर 2. लाला की कली 3. दागों से भरा दिल 4. जिसे रोते हुए पहले भी देखा हो. 5. प्रभाव पड़ना 6. बसंत ऋतु का मेघ 7. नियंत्रण 8. अनियंत्रित आँखें 9. हवा 10. रास्ता 11. विलास के लिए पी जाने वाली शराब 12. ह्रदय 13. दुःख और नशा।

मुझ सोज़े वादे-मर्ग से आगाह कौन है

मुझ सोज़े वादे-मर्ग[1] से आगाह[2] कौन है
शम्ए-मज़ारे-"मीर"[3] बज़ुज़[4] आह कौन है

बेकस[5] हूं मुज़तरव[6] हूं मुसाफ़िर हूं बेवतन
दूरी-ए-राह[7] बिन मेरे हमराह कौन है

लबरेज[8] जिसके हुस्न से मसजिद है और दैर[9]
ऐसा बुतों के बीच वो अल्लाह कौन है

रखियो क़दम सम्भाल के कि तू जानता नहीं
मानिन्दे-नक्शे-पा[10] ये सरे-राह[11] कौन है

ऐसा असीर[12] ख़स्ता-जिगर[13] मैं सुना नहीं
हर आह 'मीर' जिस की है जाँ-काह कौन है

---

1. मौत के पश्चात की जलन, 2. जानकार, 3. मीर की समाधि का चिराग, 4. अलावा, 5. कमजोर, 6. बैचेन, 7. मार्ग की दूरी, 8. भरा हुआ, 9. मन्दिर, 10. पैरों के निशानों की तरह, 11. रास्ते में 12. धूल 13. अत्यंत कष्ट देनेवाला।

मौसम है निकले शाख़ों से पत्ते हरे-हरे

मौसम है निकले शाख़ों से पत्ते हरे-हरे
पौदे चमन में फूलों से देखे भरे-भरे

आगे किसू के क्या करें दस्त-ए-तमअ[1] दराज़[2]
वो हाथ सो गया है सरहाने धरे-धरे

क्या समझे उस के रुतबा-ए-आली[3] को अहल-ए-ख़ाक[4]
फिरते हैं जूँ सिपहर बहुत हम वरे वरे

मरता था मैं तो बाज़ रखा मरने से मुझे
ये कह के कोई ऐसा करे है अरे अरे

गुलशन में आग लग रही थी रंग-ए-गुल[5] से 'मीर'
बुलबुल पुकारी देख के साहब परे-परे

1. ख्वाहिश का हाथ, 2. लम्बा 3. ऊँची प्रतिष्ठा, 4. धूल मात्र, 5. पुष्प का रंग।

इश्क़ में जी को सब्र-ओ-ताब कहाँ

इश्क़ में जी को सब्र-ओ-ताब[1] कहाँ
उस से आँखें लगीं तो ख़्वाब[2] कहाँ

बेकली दिल ही की तमाशा है
बर्क़ में ऐसे इज़्तिराब[3] कहाँ

ख़त के आए पे कुछ कहे तो कहे
अभी मक्तूब[4] का जवाब कहाँ

हस्ती अपनी है बीच में पर्दा
हम न होवें तो फिर हिजाब[5] कहाँ

गिर्या-ए-शब[6] से सुर्ख़ हैं आँखें
मुझ बला-नोश[7] को शराब कहाँ

इश्क़ है आशिक़ों के जलने को
ये जहन्नुम[8] में है अज़ाब[9] कहाँ

दाग़ रहना दिल-ओ-जिगर का देख
जलते हैं इस तरह कबाब कहाँ

महव[10] हैं उस किताबी चेहरे के
आशिक़ों को सर-ए-किताब[11] कहाँ

इश्क़ का घर है 'मीर' से आबाद
ऐसे फिर ख़ानुमाँ-ख़राब[12] कहाँ

---

1. धैर्य और साहस, 2. स्वप्न, 3. व्याकुलता, बेताबी, 4. चिट्ठी- पत्र, 5. ओढ़नी, दुपट्टा, 6. रात को रोने वाला, 7. शराबी, 8. नरक 9. अपराध की सज़ा 10. खो जाना 11. किस्मत 12. जिसका घर बर्बाद हो गया हो।

कोफ़्त से जान लब पर आयी है

कोफ़्त से जान लब[1] पर आयी है
हमने क्या दिल पे चोट खायी है

लिखते रुक़ा लिखे गए दफ़्तर
शौक़ ने बात क्या बढ़ाई है

आरज़ू[2] उस बुलंद ओ बाला की
क्या बला[3] मेरे सर पे लाई है

दीदनी[4] है शिकस्तगी[5] दिल की
क्या इमारत ग़मों ने ढायी है

है तसन्नो[6] कि लाल हैं वे लब
यानी इक बात सी बनाई है

दिल से नज़दीक और इतना दूर
किस से उस को कुछ आश्नाई[7] है

मर्ग-ए-मजनूं[8] से अक़्ल गुम है 'मीर'
क्या दिवाने ने मौत पायी है।

---

1. होठ, 2. इच्छा, 3. मुसीबत, 4. देखने योग्य, 5. टूटना, शिथिलता 6. दिखावा 7. दोस्ती, संबंध 8. मजनूं की मृत्यु।

23

इधर से अब्र उठकर जो गया है

इधर से अब्र[1] उठकर जो गया है
हमारी ख़ाक पर भी रो गया है

मसाइब[2] और थे, पर दिल का जाना
अजब इक सानिहा[3]- सा हो गया है

मुकामिर ख़ाना-ए-आफ़ाक़[4] वह है
कि जो आया है यां कुछ खो गया है

कुछ आओ ज़ुल्फ़ के कूचे[5] में दरपेश[6]
मिज़ाज अपना उधर अब तो गया है

सरहाने 'मीर' के कोई न बोलो
अभी टुक रोते-रोते सो गया है

1. बादल, 2. परेशानियां, 3. हादसा, 4. दुनिया का जुआघर 5. गलियां , 6. किसी के समक्ष।

24

बंधा रात आंसू का कुछ तार सा

बंधा रात आंसू का कुछ तार सा
हुआ अब्रे-रहमत[1] गुनहगार[2] सा

कोई सादा ही उसको सादा कहे
लगे है हमें वो तो अप्यार[3] सा

मोहब्बत है या कोई जी का है रोग
सदा मैं तो रहता हूँ बीमार सा

गुलो- सर्व[4] अच्छे सभी हैं वले[5]
न निकला चमन में कोई यार सा

जो ऐसा ही तुम हम को समझो हो सहल
हमें भी ये जीना है दुश्वार सा

फ़लक[6] ने बहुत खेंचे-आजार[7] लेक
न पहुंचा बहम[8] उस दिलआजार[9] सा

मगर आंख तेरी भी चिपकी कहीं
टपकता है चितवन[10] से कुछ प्यार सा

---

1. कृपा का बादल, 2. मुजरिम, 3. दुष्ट, चालाक, मक्कार, 4. पुष्प और पौधे, 5. किन्तु, 6. आकाश, 7. दुख उठाए, 8. हासिल होना, 9. मन को दुखाने वाला, 10. नजर।

क्या काम किया हमने
यूं दिल न लगाना था

क्या काम किया हमने यूं दिल न लगाना था
इस जान की जोखों को उस बात न जाना था

हर आन थी सरगोशी या बात नहीं गाहे[1]
औक़ात[2] है इक यह भी इक वह भी ज़माना था

क्योंकर गली से उसकी मैं उठके चला जाता
या ख़ाक में मिलना था लोहू में नहाना था

जब तूने नज़र फेरी तब जान गई उसकी
मरना तेरे आशिक़ का मरना कि बहाना था

कहता था किसू से कुछ तकता या किसू का मुंह
कल 'मीर' खड़ा था या सच है कि दिवाना था

---

1. कभी, 2. वक़्त।

अल्लाह रे ग़रूर-ओ-नाज़ तेरा

अल्लाह रे ग़रूर-ओ-नाज़[1] तेरा
मुतलक[2] नहीं हमसे साज़[3] तेरा

हमसे कि तुझी को जानते हैं
जाता नहीं एहतराज़[4] तेरा

मिल जिनसे शराब तू पिए है
कह देते हैं वो ही राज़[5] तेरा

कुछ इश्क़ो-हवस[6] में फ़र्क़ भी कर
किधर है वो इम्तियाज़[7] तेरा

कहते न थे 'मीर' मत कुढ़ा कर
दिल हो गया न गुदाज़[8] तेरा

1. अभिमान और घमण्ड, 2. बिल्कुल, 3. मूल, 4. बचना, परहेज़, 5. राज, भेद, 6. प्यार और लोलुपता, 7. फर्क, भेद, 8. मुलायम ।

27

जब लग गए झमकने रुख़सारे-यार दोनों

जब लग गए झमकने रुख़सारे-यार[1] दोनों
तब मेहर-ओ-मह[2] ने अपनी आंखें छिपा लियां हैं

सुबहे-चमन[3] का जल्वा[4] हिन्दी बुतों में देखा
सन्दल भरी जबीं[5] है होंठों की लालियां हैं

इन गुल-रुख़ों[6] की क़ामत[7] लहके है यूं हवा में
जिस रंग से लचकती फूलों की डालियां हैं

वह दुजदे-दिल[8] नहीं तो क्यों देखते ही मुझको
पलकें झुका लियां हैं, आंखें चुरा लियां हैं

चलते हैं यह तो ठोकर लगती है 'मीर' दिल को
चालें ही दिलबरों[9] की सबसे निरालियां हैं

---

1. मेहबूबा के गाल, 2. सूरज और चांद, 3, उपवन की सुबह, 4. दीदार, 5. मस्तक, 6. पुष्प जैसे मुखड़े वालों, 7. क़द, आकार, 8. हृदय के चोर, 9. मेहबूबा, सुन्दरी।

इश्क़ में ने ख़ौफ़-ओ-ख़तर चाहिए

इश्क़ में ने ख़ौफ़-ओ-ख़तर[1] चाहिए
जान के देने को जिगर[2] चाहिए

क़ाबिल-ए-आग़ोश सितम दीदगाँ[3]
अश्क-सा[4] पाकीज़ा[5] गुहर[6] चाहिए

हाल ये पहुँचा है कि अब ज़ो'फ़ से
उठते पलक एक पहर चाहिए

कम है शनासा-ए-ज़र-ए-दाग़-ए-दिल[7]
उस के परखने को नज़र चाहिए

सैंकड़ों मरते हैं सदा फिर भी याँ
वाक़ि'आ इक शाम-ओ-सहर चाहिए

शर्त सलीक़ा[8] है हर इक अमर[9] में
ऐब[10] भी करने को हुनर[11] चाहिए

जैसे जरस पारा गुलो क्या करूँ
नाला-ओ-अफ़्ग़ाँ में असर चाहिए

ख़ौफ़ क़यामत का यही है कि 'मीर'
हम को जिया बार-ए-दिगर[12] चाहिए

---

1. डर 2. साहस 3. अन्याय सहने वालों की गोद के योग्य 4. आंसू 5. पवित्र 6. मोती 7. दिल के दाग़ की दौलत को परखने वाला 8. ढंग 9. काम 10. अवगुण 11. गुण 12. दूसरी बार।

29

पड़ती है आंख जाकर हर दम सफ़ाई तन पर

पड़ती है आंख जाकर हर दम सफ़ाई तन पर
सौ जी गये थे सदके उस शोख के बदन पर

नामे-ख़ुदा निकाले क्या पांव रफ़्ता- रफ़्ता
तलवारें चलतियां हैं उसके तो अब चलन पर

दिल जो नहीं बजा[1] है वहशी-सा में फिरूं हूं
तुम जाइयो न हरगिज मेरे दिवानापन पर

तब तक भले थे जब तक हर्फ़-आशना[2] न थे तुम
लेने लगे लड़ाई अब तो सुख़न-सुख़न[3] पर

किस तरह 'मीर' जी का हम तौबा करना मानें
कल तक भी दागे-मैं[4] थे सब उसके पैरहन[5] पर

1. सही, 2. बात समझ जाने वाले, 3. बात.बात 4. शराब के धब्बे, 5. कपड़े।

ऐ नुकीले ये थी कहाँ की अदा

ऐ नुकीले ये थी कहाँ की अदा
खुब गई जी में तेरी बाँकी अदा

जादू करते हैं इक निगाह के बीच
हाए रे चश्म-ए-दिलबराँ[1] की अदा

बात कहने में गालियाँ दे है
सुनते हो मेरे बद-ज़बाँ[2] की अदा

दिल चले जाए हैं ख़िराम[3] के साथ
देखी चलने में उन बुताँ की अदा

ख़ाक में मिल के 'मीर' हम समझे
बे-अदाई[4] थी आसमाँ की अदा

1. प्रियतम की आंखें 2. कटुभाषी 3. हलकी चाल चलने वाला 4. उपेक्षा।

ऐ दोस्त कोई मुझ सा रुस्वा न हुआ होगा

ऐ दोस्त कोई मुझ सा रुस्वा[1] न हुआ होगा
दुश्मन के भी दुश्मन पर ऐसा न हुआ होगा

टक गोर-ए-ग़रीबाँ[2] की कर सैर कि दुनिया में
उन ज़ुल्म-रसीदों पर क्या क्या न हुआ होगा

बे-नाला-ओ-बे-ज़ारी बे-ख़स्तगी-ओ-ख़ारी
इमरोज़ कभी अपना फ़र्दा न हुआ होगा

है क़ाएदा कुल्ली ये कू-ए-मोहब्बत में
दिल ग़म जो हुआ होगा पैदा न हुआ होगा

इस कोहना-ख़राबे[3] में आबादी न कर मुनइ'म[4]
यक शहर नहीं याँ जो सहरा[5] न हुआ होगा

आँखों से तिरी हम को है चश्म[6] कि अब होवे
जो फ़ित्ना[7] कि दुनिया में बरप[8] न हुआ होगा

जुज़[9] मर्तबा-ए-कल[10] को हासिल करे है आख़िर
यक क़तरा न देखा जो दरिया न हुआ होगा

सद नश्तर-ए-मिज़्गाँ[11] के लगने से न निकला ख़ूँ
आगे तुझे 'मीर' ऐसा सौदा न हुआ होगा

---

1. बदनाम 2. क़ब्रिस्तानए 3. खण्डहर 4. अमीर 5. वन, जंगल 6. आशा 7. उपद्रव 8. उत्पन्नए पैदा 9. टुकड़ा 10. पूर्णता का स्थानए 11. घाव पर चीरा लगाने वाला औज़ार।

32

ज़ोर क्या-क्या जफ़ाएं क्या-क्या हैं

ज़ोर[1] क्या-क्या जफ़ाएं क्या-क्या हैं
आशिकी में बलाएं[2] क्या-क्या हैं

गह[3] नसीमे-सबा[4] है गाह सुमूम[5]
इस चमन में हवाएं क्या-क्या हैं

फिक्रे-तामीरे- दिल[6] किसू को नहीं
ऐसी-वैसी बिनाएं[7] क्या-क्या हैं

शोर है तर्के-शेख[8] का लेकिन
चुपके-चुपके दुआएं क्या-क्या हैं

मंज़रे-दीद[9] कस्त्रे- दिल[10] ऐ 'मीर'
शहरे-तन में भी जाएं[11] क्या-क्या हैं

---

1. अत्याचार, 2. परेशानियाँ, 3. कभी, 4. सुबह.सुबह की ताजी हवा, 5. गरमी की दोपहर में चलने वाली हवा, 6. हृदय के निर्माण की फ़िक्र, 7. बनाना, 8. शेख़ का त्याग, 9. नेत्रों का नजारा, 10. हृदय का नुकसान, 11 मुसीबतें ।

चमन यार तेरा हवा-ख्वाह है

चमन यार तेरा हवा-ख्वाह[1] है
गुल[2] इक दिल है जिसमें तेरी राह है

सरापा[3] में उसके नज़र करके तुम
जहां देखो अल्लाह-अल्लाह है

तेरी आह किससे खबर पाइए
वही बेखबर है जो आगाह[4] है

मिरे लब पे रख कान आवाज़ सुन
कि अब तक भी यक ना-तवाँ आह है

चिरागाने -गुल[5] से है क्या रोशनी
गुलिस्तां[6] किसू की क़दमगाह[7] है

ये वो कारवां-गाहे- दिलकश[8] है 'मीर'
कि फिर यां से हसरत[9] की हमराह[10] है

1. हितैषी, 2. फूल, 3. सिर से पांव तक, 4. जानकार, 5. पुष्पों के चिराग, 6. बागीचा, 7. क़दम रखने की जगह, 8. काफिला ठहरने का सुन्दर स्थान, 9. उदासी, 10. साथी।

होती है गरचे कहने से यारो पराई बात

होती है गरचे कहने से यारो पराई बात
पर हम से तो थंबे न कभू मुँह पर आई बात

जाने न तुझ को जो ये तसन्नो तू उस से कर
तिस पर भी तो छुपी नहीं रहती बनाई बात

कहते थे उस से मिलिए तो क्या क्या न कहिए लेक
वो आ गया तो सामने उस के न आई बात

अब तो हुए हैं हम भी तिरे ढब से आश्ना[1]
वाँ तू ने कुछ कहा कि इधर हम ने पाई बात

बुलबुल के बोलने में सब अंदाज़ हैं मिरे
पोशीदा कब रहे है किसू की उड़ाई बात

भड़का था रात देख के वो शो'ला-ख़ू मुझे
कुछ रू-सियह रक़ीब ने शायद लगाई बात

आलम[2] सियाह-ख़ाना[3] है किस का कि रोज़-ओ-शब[4]
ये शोर है कि देती नहीं कुछ सुनाई बात

इक दिन कहा था ये कि ख़मोशी में है वक़ार[5]

सो मुझ से ही सुख़न नहीं मैं जो बताई बात

ख़त लिखते लिखते 'मीर' ने दफ़्तर किए रवाँ

इफ़रात-ए-इश्तियाक़[6] ने आख़िर बढ़ाई बात

---

1. परिचित 2. संसार 3. काला घर 4. दिन-रात 5. प्रतिष्ठाए इज़्ज़त 6. उत्सुकता की अधिकता।

35

इश्क़ ने ख्वारो- ज़लील किया, हम सर को बिखेरे फिरते हैं

इश्क़ ने ख्वारो-ज़लील किया, हम सर को बिखेरे फिरते हैं
सोज़ो-दर्दों-दागो अलम[1] सब जी को घेरे फिरते हैं

दिल लश्कर में एक सिपाहीज़ादे ने हमसे छीन लिया
हम दरवेश तलब में उसकी डेरे डेरे फिरते हैं

बेखुद[2] उसके जुल्फ़ो-रुख के काहे को आप में फिर आयें
हम कहते हैं तसल्ली दिल को सांझ सवेरे फिरते हैं

पाये-निगार- आलूदा कहां पर सांझ को 'मीर' ने देखे थे
सुबह तक अब भी आंखों में उसकी पांओं[3] तेरे फिरते हैं

1. ईर्ष्या, दर्द और दुख, 2. प्यार करने वाला प्रियतम, 3. पैर।

36

है इश्क़ में सब्र नागवारा

है इश्क़ में सब्र[1] नागवारा[2]
फिर सब्र बिन और क्या है चारा

उन बालों से मुश्क मत ख़जिल हो
अम्बर तो अरक़ अरक़ है सारा

यूँ बात करे है मेरे ख़ूँ से
गोया[3] नहीं उन ने मुझ को मारा

देखो हो तो दूर भागते हो
कुछ पास नहीं तुम्हें हमारा

था किस को दिमाग़-ए-बाग़[4] उस बिन
बुलबुल ने बहुत मुझे पुकारा

रुख़्सार के पास वो दर-ए-गोश
है पहलू-ए-माह में सितारा

होते हैं फ़रिश्ते सैद आ कर
आहू-ए-हरम हैं याँ चिकारा

फूली मुझे देख कर गुलों में
बुलबुल का है बाग़ में इजारा

जब जी से गुज़र गए हम ऐ 'मीर'
उस कूचे[5] में तब हुआ गुज़ारा

---

1. धैर्य, 2. कोई बात बुरा लगना, 3. मानो, 4. उपवन में जाने की इच्छा, 5. गली।

मज़हब से मेरे क्या तुझे तेरा दयार और

मज़हब[1] से मेरे क्या तुझे तेरा दयार[2] और
मैं और यार और मेरा कारोबार और

चलता है काम मर्ग[3] का खूब उसके दौर[4] में
होती है गिर्द[5] शहर के रोज़ इक मज़ार[6] और

बन्दे को उन फ़क़ीरों में गिनिए न शहर के
साहब ने मेरे मुझको दिया एतबार[7] और

अब दर्दे-सर जो इश्क का है गोर[8] तक है साथ
कुछ ये नशा ही और है, इसका खुमार[9] और

काहे को इस क़रार[10] से था इज़्तराबे-दिल[11]
होता है हाथ रखने से दिल बेक़रार और

किसको फ़क्क़ीरी में सरो-दिल[12] हर्फ़[13] का है 'मीर'
करते हैं इस दिमाग़ पे हम इंकिसार[14] और

---

1. धर्म, 2. संसार, 3. मौत, 4. काल, 5. आसपास, 6. समाधि, 7. भरोसा, 8. समाधि, 9. नशा, 10. शांति, 11. दिल की बेचैनी, 12. हिम्मत, 13. बातचीत, 14, अतिविनम्रता ।

38

हाथ से तेरे अगर मैं ना-तवाँ मारा गया

हाथ से तेरे अगर मैं ना-तवाँ[1] मारा गया
सब कहेंगे ये कि क्या इक नीम-जाँ[2] मारा गया

इक निगह से बेश कुछ नुक़साँ न आया उस के तीं
और मैं बे-चारा तो ऐ मेहरबाँ मारा गया

वस्ल-ओ-हिज्राँ[3] ये जो दो मंज़िल[4] हैं राह-ए-इश्क़[5] की
दिल ग़रीब इन में ख़ुदा जाने कहाँ मारा गया

दिल ने सर खींचा दयार-ए-इश्क़[6] में ऐ बुल-हवस[7]
वो सरापा-आरज़ू आख़िर जवाँ मारा गया

कब नियाज़-ए-इश्क़[8] नाज़-ए-हुस्न[9] से खींचे है हाथ
आख़िर आख़िर 'मीर' सर-बर-आस्ताँ[10] मारा गया

---

1. कमज़ोर 2. अधमरा 3. मिलन और विरह 4. पड़ाव 5. प्रेम का मार्ग 6. प्रेमनगर 7. बहुत लालची 8. पूर्ण अभिलाषा 9. सौन्दर्य का अभिमान 10. चौखट पर सर रखे हुए।

39

शेख़ जी आओ मुसल्ला गिरवा-ए-जाम करो

शेख़ जी आओ मुसल्ला गिरवा-ए-जाम[1] करो
जिन्से-तक़वा[2] के तई सर्फ़-मये खाम[3] करो

फ़र्शे-मस्तां करो सज्जादा-ए-बेतह[4] के तई
मय[5] की ताज़ीम करो शीशे का इकराम[6] करो

दामने-पाक को आलूदा[7] रखो बादे[8] से
आपको मुग़बचों[9] के क़ाबिले-दुशनाम करो

नेकनामी-ओ-तफ़ावत[10] को दुआ जल्द कहो
दीनो-दिल पेशकशे-सादा-ए-खुदकाम करो

नंगो-नामूस[11] से अब गुज़रो जवानों की तरह
परफ़िशानी करो और साक़ी से इबराम[12] करो

खूब अगर जुरअ-ए-मय-नोश नहीं कर सकते
खातिरे- जम्अ-ए-मय[13] शाम से ये काम करो

---

1. जाम हासिल करने के लिए गिरवी रखना, 2. काबू की चीज, 3. शराब को हासिल करने के लिए खर्च करना, 4. खुली हुई जा.ए.नमाज़, 5. मान, 6. इज्जत, 7. गीला, 8. शराब, 9. शराब पिलाने वाले लड़के, 10. नेकनामी एवं ऊंच.नीच का राज, 11. इज़्ज़त-आबरू, 12. निवेदन, 13. शराब के जाम के लिए।

40

उठ खड़े हो जो झुके गर्दन-ए-मीना-ए-शराब

उठ खड़े हो जो झुके गर्दन-ए-मीना-ए-शराब[1]
खिदमते-बादागुसारां[2] है सरअंजाम[3] करो

मुतरिब[4] आकर जो करे चंग-नवाज़ी[5] तो तुम
पैरहन मस्तों की तक़लीद[6] में इनाम करो

खुनकी इतनी भी तो लाज़िम नहीं इस मौसम में
पास-ए-जोशे-गुलो-दिल गरमी-ए-अय्याम[7] करो

साया-ए-गुल में लबे-जू[8] पे गुलाबी[9] रक्खो
हाथ में जाम को ले आपको बदनाम करो

आह ताचन्द[10]रहो ख़ानक़हो[11]- मस्जिद में
एक तो सुबह गुलिस्तान[12] में भी शाम करो

रात तो सारी गई सुनते परीशां-गोई[13]
'मीर' जी कोई घड़ी तुम भी तो आराम करो

1. शराब की सुराही की गर्दन, 2. शराबियों की खिदमत 3. पूरी तरह से, 4. साज़िन्दा, 5. साज़ बजाना, 6. अनुकरण, 7. पुष्पों के खिलने और दिल की उमंग का आदर, 8. पानी के तट, 9. शराब, 10. कब तक, 11. इबादत का स्थान, 12. बाग, 13. दुख की बातें।

41

हम ने जाना था सुख़न होंगे ज़बाँ पर कितने

हम ने जाना था सुख़न[1] होंगे ज़बाँ[2] पर कितने
पर क़लम हाथ जो आई लिखे दफ़्तर कितने

मैं ने इस उस सन्नाअ[3] से सर खींचा है
कि हर इक कूचे में जिस के थे हुनर-वर[4] कितने

किश्वर-ए-इश्क़ को आबाद न देखा हम ने
हर गली-कूचे में ऊजड़ पड़े थे घर कितने

आह निकली है ये किस की हवस सैर-ए-बहार[5]
आते हैं बाग़ में आवारा हुए पर कितने

देखियो पंजा-ए-मिज़्गाँ[6] की टक आतिश-दस्ती[7]
हर सहर[8] ख़ाक में मिलते हैं दर-ए-तर[9] कितने

कब तलक ये दिल-ए-सद-पारा नज़र में रखिए
उस पर आँखें ही सिए रहते हैं दिलबर कितने

'उम्र गुज़री कि नहीं दो आदम[10] से कोई
जिस तरफ़ देखिए 'अर्से[11] में हैं अब ख़र[12] कितने

तू है बेचारा गदा[13] 'मीर' तिरा क्या मज़कूर[14]
मिल गए ख़ाक में याँ साहब अफ़सर[15] कितने

---

1. बोल, 2. जीभ, 3. कारीगरों के रहने का स्थान, 4. कलाकार, 5. बहार में सैर करने की इच्छा, 6. पलकों का पंजा, 7. अत्याचार, 8. प्रातःकाल, 9. आंसू, 10. आदम का ख़ानदान, 11. विश्व, 12. गधा, 13. फ़क़ीर, 14. चर्चा, 15. प्रधानए मुखिया।

42

सुखन मुश्ताक़ है आलम हमारा

सुखन मुश्ताक़[1] है आलम हमारा
ग़नीमत है जहां में दम हमारा

रहे हम आलमे-मस्ती में अक्सर
रहा कुछ और ही आलम हमारा

बहुत ही दूर हम से भागते हो
करो हो पास[2] कुछ तो कम हमारा

बिखर जाते हैं कुछ गेसू तुम्हारे
हुआ है कामे-दिल बरहम[3] हमारा

रखे रहते हैं दिल पर हाथ ऐ 'मीर'
यहीं शायद कि है सब राम हमारा

---

1. शायरी का आशिक, 2. कल्पना, 3. अव्यवस्थित।

43

हम जानते तो इश्क़ न करते किसू के साथ

हम जानते तो इश्क़ न करते किसू के साथ
ले जाते दिल को ख़ाक में इस आरज़ू[1] के साथ

मस्ती में शैख़-ए-शहर से सोहबत अजब रही
सर फोड़ते रहा किए अक्सर सुबू के साथ

था अक्स उस की क़ामत-ए-दिलकश[2] का बाग़ में
आँखें चली गईं हैं लगी आब जू[3] के साथ

नाज़ाँ[4] हो उस के सामने क्या गुल[5] खिला हुआ
रखता है लुत्फ़-ए-नाज़[6] भी रू-ए-निकू[7] के साथ

हम ज़र्द-काह ख़ुश्क[8] से निकले हैं ख़ाक से
बालीदगी[9] न ख़ल्क़[10] हुई इस नुमू[11] के साथ

गर्दन बुलंद करते ही ज़रबत[12] उठा गए
ख़ंजर रखे है उस का इलाक़ा गुलू के साथ

हंगामे जैसे रहते हैं उस कूचे में सदा
ज़ाहिर है हश्र होगी न ऐसे गुलू के साथ

---

1. कामना, 2. मनमोहक क़द, 3. बहता पानी, 4. गर्वित, 5. फूल, 6. सुन्दरता के अभिमान का आनन्द, 7. सुन्दर चेहरा, 8. सूखी घास, 9. उपज, 10. निर्माण, 11. बढ़ना, 12. आघात ।

44

सहर-ए-गह-ए-ईद में दौर-ए-सुबू था

सहर-ए-गह[1]-ए-ईद[2] में दौर-ए-सुबू[3] था
पर अपने जाम में तुझ बिन लहू था

गलत था आप से ग़ाफ़िल[4] गुज़रना
न समझे हम कि इस क़ालिब[5] में तू था

चमन की वजअ[6] ने हमको किया दाग
कि हर गुंचा दिले-पुर-आरजू था

गुल-ओ-आईना क्या खुरशीद-ओ-मह[7] क्या
जिधर देखा उधर तेरा ही रू [8] था

करोगे याद बातें तो कहोगे
कि कोई रफ़्ता-ए-बिसयार-गो था

जहां पुर[9] है फ़साने[10] से हमारे
दिमारो-इश्क[11] हमको भी कभू था

मगर दीवाना था गुल भी किसू का
कि पैराहन[12] में सौ जगह रफू[13] था

कहीं क्या बाल तेरे खुल गए थे
कि झोंका बाओ का कुछ मुश्क्बू[14] था

न देखा 'मीरे'- आवारा को लेकिन
गुबार इक नातवां[15]-सा कु-ब-कू[16] था

---

1. सुबह-सुबह, 2. प्रसन्नता, 3. शराब का दौर, 4. असावधान, 5. शरीर, 6. पहनावा, 7. सूर्य और चन्द्रमा, 8. मुख, 9. भरा हुआ, 10. अफसाना, 11. प्रेम का घमण्ड, 12. वस्त्र, 13. पैबंद, 14. कस्तूरी की खुशबू से भरा हुआ, 15. कमजोर 16. गली.गली में।

सुना है हाल तिरे कुश्तगाँ बेचारों का

सुना है हाल तिरे कुश्तगाँ[1] बेचारों का
हुआ न गोर गढ़ा[2] उन सितम के मारों का

हज़ार रंग खिले गुल चमन के हैं शाहिद[3]
कि रोज़गार[4] के सर ख़ून है हज़ारों का

मिला है ख़ाक में किस किस तरह का आलम याँ
निकल के शहर[5] से टक सैर कर मज़ारों का

अरक़-फ़िशानी से उस ज़ुल्फ़ की हिरासाँ हूँ
भला नहीं है बहुत टूटना भी तारों का

'इलाज करते हैं सौदा-ए-इश्क़ का मेरे
ख़लल-पज़ीर हुआ है दिमाग़ यारों का

तिरी ही ज़ुल्फ़ को महशर में हम दिखा देंगे
जो कोई माँगेगा नामा सियाहकारों का

ख़राश-ए-सीना-ए-आशिक़ भी दिल को लग जाए
अजब तरह का है फ़िरक़ा ये दिल-फ़िगारों का

निगाह-ए-मस्त[6] के मारे तिरी ख़राब हैं शोख़[7]
न ठोर है न ठिकाना है होशियारों का

करें हैं दा'वा-ए-ख़ुश-चश्मी[8] आहुवान-ए-दश्त[9]
टक एक देखने चल मलक उन गँवारों का

तड़प के मरने से दिल के कि मग़्फ़िरत[10] हो उसे
जहाँ में कुछ तो रहा नाम बे-क़रारों का

तड़प के ख़िर्मन-ए-गुल[11] पर कभी गिर ऐ बिजली
जलाना क्या है मिरे आशियाँ[12] के ख़ारों का[13]

---

1. क़त्ल किए हुए, 2. अन्तिम संस्कार, 3. गवाह, 4. संसार, 5. दुनिया, 6. मस्त नयन, 7. चंचलता से भरपूर, 8. नेत्रों की सुन्दरता का दावा, 9. जंगल के हिरण, 10. मुक्ति, 11. फूलों का ढेर, 12. घोंसला, 13. कांटों का।

46

था मुस्तआर हुस्न से उस के जो नूर था

था मुस्तआर हुस्न से उस के जो नूर था
ख़ुर्शीद में भी उस ही का ज़र्रा ज़ुहूर था

हंगामा-गर्मकुन[1] जो दिल-ए-नासबूर[2] था
पैदा हरेक नाले[3] से शोरे-नुशूर[4] था

आतिश बुलन्द दिल की न थी वरना ऐ कलीम
यक शोला बर्के-खिरमने-सद-कोहेनूर[5] था

मजलिस में रात एक तेरे परतवे[6] बगैर
क्या शम्अ क्या पतंगा हरेक बेहुजूर था

हम ख़ाक में मिले तो मिले लेकिन ऐ सिपहर[7]
उस शोख़ को भी राह पे लाना ज़रूर था

कल पांव एक कासा-ए-सर[8] पर जो आ गया
यकसर वो उस्तख्वान[9] शिकस्तों से चूर था

कहने लगा कि देख के चल राह बेखबर
मैं भी कभू किसू का सरे-पुरग़रूर[10] था

था वो तो रश्क-ए-हूरे-बहिश्ती[11] हमीं में 'मीर'
समझे न हम तो फ़हम[12] का अपनी क़सूर था

---

1. झगड़ा करने वाले लोग, 2. बेचैन कदम, 3. जोर-जोर से चिल्लाना, 4. विनाश का कोलाहल, 5. तूर जैसे सैकड़ों पहाड़ों को जला देने वाली बिजली, 6. परछाई, 7. आकाश, 8. खोपड़ी 9. हड्डी, 10. अभिमान से उठा सिर, 11. जिसे देखकर स्वर्ग की अप्सराएँ भी जलने लगे, 12. बुद्धिमानी।

47

'मीर' दरिया है सुने शेर ज़बानी उसकी

'मीर' दरिया है सुने शेर ज़बानी उसकी
अल्ला-अल्ला रे तबीयत[1]की रवानी[2] उसकी

खातिरे-वादिया[3] से देर में जाएगी कहीं
ख़ाक मानिन्द[4] बगूले के उड़ानी उसकी

एक है अहद[5] में अपने वो परागंद-मिज़ाज[6]
अपनी आंखों में न आया कोई सानी[7] उसकी

मुंह तो बौछार का देखा है बरसते तुमने
उसके अन्दाज़ से थी अश्के-फ़िशानी[8] उसकी

बात की तर्ज़ को देखा तो कोई जादू था
पर मिली खाक में क्या सिहर-बयानी[10] उसकी

करके तावीज़ रखें उसको बहुत भाती है
वो नज़र पांव पे वो बात दिवानी उसकी

उसका वह इज्ज़[11] तुम्हारा ये ग़रूरे-खूबी[12]
मिन्नतें उसने बहुत कीं, पर न मानी उसकी

कुछ लिखा है तुझे हर , बर्ग[13] पे ऐ रश्के-बहार
रुक-अवारें[14] हैं यह औराके-ख़ज़ानी[15] उसकी

सरगुजश्त[16] अपनी किस अन्दोह[17] से शब कहता था
सो गए तुम न सुनी आह कहानी उसकी

---

1. आदत, 2. प्रवाह, 3. मैदान का दिल, 4. तरह, 5. समय, 6. दुखी मन, 7. उस जैसा, 8. आँसू बहाना, 9. ढंग, 10. जादुई बखान, 11 नम्रता, 12. खूबसूरती पर घमण्ड करने वाला, 13. पत्ते, 14. वह कागज़ जिसके चारों तरफ हाशिया हो, 15. पत्ते, 16. आप.बीती, 17. दुख।

अब हाल अपना उसके है दिलख़्वाह

अब हाल अपना उसके है दिलख़्वाह[1]
क्या पूछते हो अलहम्दो- लिल्लाह[2]

मर जाओ कोई परवाह नहीं है
कितना है मग़ारूर[3] अल्लाह अल्लाह

पीर-ए-मुग़ां[4] से ये बे-ऐ-तिक़ादी[5]
अस्तग फ़िरुल्लाह[6] अस्तग फ़िरुल्लाह

कहते हैं उस के तू मुँह लगेगा
हो यूँ ही यारब जूँ है ये अफ़्वाह

हज़रत से उस की जाना कहाँ है
अब मर रहेगा याँ बंदा दरगाह

सब अक़्ल खोए है राह-ए-मोहब्बत
हो ख़िज़्र दिल में कैसा ही गुमराह

मुजरिम[7] हुए हम दिल दे के वरना
किसको किसू से होती नहीं चाह

जल्वे[8] हैं उसके शानें हैं उसकी
क्या रोज, क्या खुर[9], क्या रात, क्या माह[10]

ज़ाहिर[11] कि बातिन[12] अव्वल[13] कि आख़िर
अल्लाह - अल्लाह- अल्लाह - अल्लाह

---

1. दिलको पसंद, 2. सारी प्रशंसा ख़ुदा के लिए है, 3. घमंडी, 4. शराब बेचने वाला बूढ़ा, 5. अविश्वास, 6. दुबारा न करने की कसम खाना, 7. मुजरिम, 8. दीदार, 9. सूर्य, 10. चन्द्रमा, 11. प्रत्यक्ष, 12, अप्रत्यक्ष, 13. प्रथम ।

रफ़्तगाँ में जहाँ के हम भी हैं

रफ़्तगाँ[1] में जहाँ[2] के हम भी हैं
साथ उस कारवाँ[3] के हम भी हैं

शम्अ ही सर न दे गई बर्बाद
कुश्ता[4] अपनी ज़बाँ के हम भी हैं

हम को मजनूँ को इश्क़ में मत बूझ
नंग उस ख़ानदाँ के हम भी हैं

जिस चमन-ज़ार[5] का है तू गुल-ए-तर[6]
बुलबुल इस गुलसिताँ के हम भी हैं

नहीं मजनूँ से दिल क़वी लेकिन
यार उस ना-तवाँ के हम भी हैं

बोसा[7] मत दे किसू के दर[8] पे नसीम[9]
ख़ाक उस आस्ताँ[10] के हम भी हैं

गो शब उस दर से दूर पहरों फिरें
पास तो पासबाँ के हम भी हैं

वजह-ए-बेगानगी[11] नहीं मालूम
तुम जहाँ के हो वाँ के हम भी हैं

मर गए मर गए नहीं तो नहीं
ख़ाक से मुँह को ढाँके हम भी हैं

अपना शेवा[12] नहीं कजी[13] यूँ तो
यार जी टेढ़े बाँके हम भी हैं

इस सिरे की है पारसाई 'मीर'
मो'तक़िद[14] उस जवाँ के हम भी हैं

1. गुज़रे हुए लोग, 2. संसार, 3. काफ़िला, 4. मृतक, 5. उपवन, 6. ताज़ा फूल, 7. चुम्बन, 8. दरवाज़ा , 9. हवा, 10. चौखट, 11. अनजानेपन का कारण, 12. चलन, 13. टेढ़ापन, 14. भक्त, उपासक ।

50

गुल को महबूब हम क़यास किया

गुल को महबूब[1] हम क़यास[2] किया
फ़र्क़[3] निकला बहुत जो बास किया[4]

दिल ने हमको मिसाले- आईना[5]
एक आलम[6] का रू-शनास[7] किया

कुछ नहीं सूझता हमें उस बिन
शौक़[8] ने हमको बेहवास[9] किया

इश्क़ में हम हुए न दीवाने
क़ैस[10] की आबरू का पास किया

दौर से चर्ख़ के निकल न सके
ज़ोफ़ ने हम को मूरतास किया

सुब्ह तक शमअ सर को धुनती रही
क्या पतंगे ने इल्तिमास[11] किया

ऐसे वहशी[12] कहां हैं ऐ ख़ूबां[13]
'मीर' को तुम अबस[14] उदास किया

1. प्यारा आशिक, 2. विचार, 3. फर्क, 4. सूंघा, 5. शीशे की तरह, 6. दुनिया, 7. जानकार, 8. तमन्ना, प्रेम, 9. बेहोश, 10. प्रेमी, 11. याचना, 12. घबराया हुआ, 13. प्रिय, 14. बेकार।

51

क्या कहे हाल कहीं दिलज़दा जाकर अपना

क्या कहे हाल कहीं दिलज़दा[1] जाकर अपना
दिल न अपना है मुहब्बत में न दिलबर[2] अपना

यक घड़ी साफ़ नहीं हमसे हुआ यार कभू
दिल भी जूं-शीशा-ए-साअत[3] है मुक़द्दर[4] अपना

उस गुले तर[5] की क़बा[6] के कहीं खोले थे बन्द
बरंगे गुलबर्ग[7] के नाखुन है मुअत्तर[8] अपना

पेश कुछ आओ[9] यहीं हम तो हैं हर सूरत से
मिस्ले-आईना[10] नहीं छोड़ते हम घर अपना

दिल बहुत खेचती है यार के कूचे की ज़मीं
लोहू उस ख़ाक पे गिरना है मुक़र्रर[11] अपना

'मीर' ख़त भेजे पर अब रंग उड़ा जाता है
कि कहाँ बैठे किधर जावे कबूतर अपना

---

1. टूटे दिल वाला, 2. मेहबूबा, 3. वक्त को नापने का पैमाना, 4. भाग्य, क़िस्मत, 5. ताज़ा पुष्प, 6. बन्द गले वाला कुर्ता, 7. पुष्प की पत्ती की तरह, 8. खुशबूदार, 9. चाहे जो कुछ भी हो जाए, 10. आईने की तरह, 11. तय, नियत।

52

यारो मुझे मुआ'फ़ रखो मैं नशे में हूँ

यारो मुझे मुआ'फ़[1] रखो मैं नशे में हूँ
अब दो तो जाम[2] ख़ाली ही दो मैं नशे में हूँ

एक एक क़ुर्त दौर में यूँ ही मुझे भी दो
जाम-ए-शराब पुर[3] न करो मैं नशे में हूँ

मस्ती से दरहमी[4] है मिरी गुफ़्तुगू[5] के बीच
जो चाहो तुम भी मुझ को कहो मैं नशे में हूँ

या हाथों हाथ लो मुझे मानिंद-ए-जाम-ए-मय[6]
या थोड़ी दूर साथ चलो मैं नशे में हूँ

मा'ज़ूर[7] हूँ जो पाँव मिरा बे-तरह[8] पड़े
तुम सरगिराँ[9] तो मुझ से न हो मैं नशे में हूँ

भागी नमाज़-ए-जुमा[10] तो जाती नहीं है कुछ
चलता हूँ मैं भी टुक तो रहो मैं नशे में हूँ

नाज़ुक-मिज़ाज[11] आप क़यामत[12] हैं 'मीर' जी
जूँ शीशा[13] मेरे मुँह न लगो मैं नशे में हूँ

---

1. क्षमा 2. मदिरा-पात्र 3. ख़त्म 4. अस्त-व्यस्त 5. बातचीत 6. मदिरा-पात्र की भांति 7. विवश 8. आड़ा-तिरछा 9. अप्रसन्न 10. जुम्मे की नमाज़ 11. कोमल प्रवृत्ति वाला 12. प्रलय 13. बोतल की भांति।

53

है इश्क़ में सब्र नागवारा

है इश्क़ में सब्र[1] नागवारा[2]
फिर सब्र बिन और क्या है चारा

यूं बात करे है मेरे खूं से
गोया[3] नहीं उसने मुझको मारा

देखो हो तो दूर भागते हो
कुछ पास नहीं तुम्हें हमारा

था किसको दिमागे-बाग[4] उस बिन
बुलबुल ने बहुत मुझे पुकारा

फूली मुझे देख कर गुलों में
बुलबुल का है बाग़ में इजारा

जब जी से गुज़र गए हम ऐ 'मीर'
उस कूचे[5] में तब हुआ गुज़ारा

---

1. धीरज, 2. बुरा लगना, 3. जैसे, मानी, यानी, 4. उपवन में जाने की इच्छा, 5. गली।

54

उलटी हो गई सब तदबीरें कुछ न दवा ने काम किया

उलटी हो गई सब तदबीरें कुछ न दवा ने काम किया
देखा इस बीमारि-ए-दिल ने आखिर काम तमाम किया

अहदे- जवानी[1] रो-रो काटा पीरी[2] में लीं आंखें मूंद
यानी रात बहुत थे जागे सुबह हुई आराम किया

नाहक हम मजबूरों पर ये तोहमत[3] है मुख्तारी[4] की
चाहते हैं सो आप करे हैं हमको अबस[5] बदनाम किया

सारे रिन्द[6] ओबाश[7] जहां के तुझसे सुजूद[8] में रहते हैं
बांके, टेढ़े, तिरछे, तीखे सबका तुझको इमाम[9] किया

सरजद[10] हमसे बेअदबी तो वहशत में भी कम ही हुई
कोसों उसकी ओर गए पर सिजदा हर-हर गाम[11] किया

किसका का'बा, कैसा क़िबला[12], कौन हरम[13] है, क्या एहराम[14]
कूचे के उसके वाशिन्दों ने सबको यहीं से सलाम किया

---

1. जवानी का ज़माना, 2. वृद्धावस्था, 3. इल्ज़ाम, 4. आजादी, 5. बेकार, 6. शराबी, 7. बुरा बताव करने वाला, 8. सिजदों, 9. नेता, अगुआ, 10. घटित होने वाली, 11. हर पग पर, 12. का 'बा, 13. मस्जिद, 14. हज करते वक्त पहने जाने वाले विशेष तरह के कपड़े।

55

मज़हब से मेरे क्या तुझे मेरा दयार और

मज़हब[1] से मेरे क्या तुझे मेरा दयार[2] और
मैं और यार और मिरा कारोबार और

चलता है काम मर्ग[3] का ख़ूब उस के दौर[4] में
होती है गिर्द[5] शहर के रोज़ इक मज़ार[6] और

बंदे को इन फ़क़ीरों में गिनिए न शहर के
साहब ने मेरे मुझ को दिया एतिबार[7] और

दिल को तो लाग ही है तकूँ राह कब तलक
इस पर है यक अज़ाब-ए-शदीद इंतिज़ार और

दर्द-ए-सर अब जो इश्क़ का है गोर[8] तक है साथ
कुछ ये नशा ही और है इस का ख़ुमार[9] और

काहे को इस क़रार[10] से था इज़्तिराब-ए-क़ल्ब[11]
होता है हाथ रखने से दिल बे-क़रार और

किस को फ़क़ीरी में सर-ओ-दिल हर्फ़[12] का है 'मीर'
करते हैं इस दिमाग़ पे हम इंकिसार[13] और

---

1. धर्म, 2. स्थान, 3. मृत्यु, 4. ज़माना, 5. आस-पास, 6. क़ब्र, 7. भरोसा, 8. क़ब्र, 9. नशा, 10. प्रकार, 11. दिल की बेचैनी, 12. अक्षर, 13. विनम्रता।

नाले का आज दिल से फिर लब तलक गुज़र है

नाले का आज दिल से फिर लब तलक गुज़र है
टक गोश रखियो ईधर साथ उस के कुछ ख़बर है

ऐ हुब्बे-जाह[1] वालो जो आज ताजवर[2] है
कल उसको देखियो तुम ना ताज है ना सर है

अब के हवा-ए-गुल में सेराबी [3] है निहायत[4]
जू-ए-चमन[5] पे सब्जा मिज़गाने चश्मेतर[6] है

शम्ए- अखीरे-शब[7] हूं सुन सरगुज़श्त[8] मेरी
फिर सुब्हा होने तक तो क़िस्सा ही मुख्तसर[9] है

अब फिर हमारा उसका महशर[10] में माजिरा[11] है
देखें तो उस जगह क्या इंसाफ़े-दादगर[12] है

आफ़त-रसीद[13] हम क्या सर खेंचें[14] इस चमन में
जूं-नख्ले-खुश्क[15] हमको ना साया ना समर[16] है

---

1. दौलत और इज्जत का लोभ, 2. ताज पहने हुए, 3. तृप्ति, 4. अधिक, 5. उपवन में बहने वाला जल, 6. भीगे हुए नेत्रों की पलकें, 7. अन्तिम रात्रि का चिराग, 8. कहानी, 9, थोड़ा-सा, 10. कयामत, 11. घटना, 12. हुक्मरान का हुक्म, 15. मुसीबत में फंसा, 14. शीश उठाएं, 15. सूखे पेड़ की तरह, 16. फल।

कस्द गर इम्तिहान है प्यारे

कस्द[1] गर इम्तिहान है प्यारे
अब तलक नीम-जान[2] है प्यारे

सिजदा[3] करने में सर कटे हैं जहां
सो तेरा आस्तान[4] है प्यारे

गुफ्तगू[5] रेख्ते[6] में हमसे न कर
यह हमारी जबान है प्यारे

काम में क़त्ल के मिरे तन दे
अब तलक मुझ में जान है प्यारे

यारी लड़कों से मत करे उन का
इश्क़.... न है प्यारे

छोड़ जाते हैं दिल को तेरे पास
यह हमारा निशान है प्यारे

'मीर' अम्दन[7] भी कोई मरता है
जान है तो जहान है प्यारे

---

1. लक्ष्य, 2. आधा जिन्दा, 3. माथा टेकना, 4. चौखट 5. बातचीत, 6. उर्दू, 7. जान-बूझ कर।

58

नाला जब गर्मे-कार होता है

नाला[1] जब गर्मे-कार[2] होता है
दिल कलेजे के पार होता है

मार रहता है उसको आखिरकार
इश्क को जिससे प्यार होता है

सब मज़े दरकिनार आलम के
यार जब हम-कनार होता है

जब्र है, क़हर है, क़यामत है
दिल जो बेइख़्तियार होता है

राह तकते ही बैठे हैं आंखें
उसका जब इन्तज़ार होता है

आह किस जा पे वार[3] खोला 'मीर'
यां तो जीना भी बार होता है

---

1. रोना, 2. काम में लगा हुआ, 3. भार।

बारहा वादों की रातें आइयां

बारहा[1] वादों की रातें आइयां
ताते ओ[2] ने सुबह कर दिखलाइयां

इश्क़ में ईज़ाएँ सब से पाइयाँ
रह गए आँसू तो आँखें आइयाँ

जिल्ले-हक[3] हमको भी वो ही चाहिए
जूं हमारी होती हैं परछाईयां

एक भी चश्मक[4] न उस मह[5] की-सी थी
आंखें तारों ने बहुत झपकाइयां

एक ने सूरत न पकड़ी पेशे यार[6]
दिल में शक्लें[7] सैकड़ों ठहराइयां

रुकशी[8] को उसकी मुंह भी चाहिए
माह[9] के चेहरे पे हैं सब झाइयां

चल चमन में ये भी है कोई रविश[10]
नाज़ ता कै[11] चन्द बे-परवाइयां

पास[12] मुझको भी नहीं है 'मीर' अब
दूर पहुंची हैं मेरी रुसवाइयां[13]

---

1. बार-बार, 2. किस्मत, 3. अल्लाह का साया, 4. इशारा, 5. प्यारा चन्द्रमा, 6. प्यार के सम्मुख, 7. सूरतें, 8. आकर्षण, 9. चन्द्रमा, 10. शैली, चाल, 11. कब तक, 12. लिहाज, आदर, सम्मान, 13. बदनामियां।

60

बेताब जी को देखा दिल को कबाब देखा

बेताब जी को देखा दिल को कबाब देखा
जीते रहे थे क्यों हम जो ये अज़ाब[1] देखा

पौदा सितम का जिस ने इस बाग़ में लगाया
अपने किए का उन ने समरा[2] शिताब[3] देखा

दिल का नहीं ठिकाना बाबत[4] जिगर की ग़म है
तेरे बला-कशों[5] का हम ने हिसाब देखा

आबाद जिस में तुझ को देखा था एक मुद्दत
उस दिल की मम्लिकत[6] को अब हम ख़राब देखा

यूँ ख़ाक में मिला याँ उस बिन कि कुछ न पूछो
इस ज़ुल्म-दीदा दिल का हम इज़्तिराब[7] देखा

वाइज़[8] ज़बून मत कह मयख़ाने को कि इस जा
पैराहन[9]-ए-निकोयाँ रेहन-ए-शराब देखा

लेते ही नाम उस का सोते से चौंक उठे हो
है ख़ैर 'मीर' साहिब कुछ तुम ने ख़्वाब देखा

---

1. दुःख, 2. फल, 3. शीघ्र, 4. खाता, 5. कष्ट उठाने वाला, 6. राष्ट्र, 7. बैचेनी, 8. प्रवचन देने वाला, 9. वस्त्र।

61

हम आप ही को अपना मकसूद जानते हैं

हम आप ही को अपना मकसूद[1] जानते हैं
अपने सिवाय किसको मौजूद[2] जानते है

इज्जो-नियाज़[3] अपना अपनी तरफ़ है सारा
उस मुश्ते-ख़ाक[4] को हम मस्जूद[5] जानते हैं

सूरत-पजीर[6] हम बिन हरगिज़ नहीं वो मा'ना[7]
अहले-नज़र[8] हमीं को माबूद[9] जानते हैं

इश्क़ उनकी अक्ल को है जो मासिवा[10] हमारे
नाचीज[11] जानते हैं नाबूद[12] जानते हैं

अपनी ही सैर करने हम जल्वागर[13] हुए थे
इस सम्ज [14] को वलेकिन मादूद[15] जानते हैं

मरकर भी हाथ आए तो 'मीर' मुफ़्त है वह
जी के जियान[16] को भी हम सूद[17] जानते हैं

---

1. इरादा, 2. मौजूद, 3. विनम्रता और गरीबी, 4. थोड़ी सी खाक, 5. जिसके आगे सिर झुकाया, 6. रूप धरना, 7. अर्थ, तत्त्व, 8. नजर वाले, 9. इबादत के योग्य, 10. अतिरिक्त, 11. छोटा, 12. जिसका कोई वजूद न हो, 13. जाहिर, 14. राज, 15. गिने.चुने लोग, 16. हानि, 17. लाभ।

62

क्या कहूँ तुमसे मैं कि क्या है इश्क़

क्या कहूँ तुमसे मैं कि क्या है इश्क़
जान का रोग है, बला है इश्क़

इश्क़ ही इश्क़ है जहां देखो
सारे आलम[1] में भर रहा है इश्क़

इश्क़ है तर्जो-तौर[2] इश्क़ के तई
कहीं बन्दा कहीं ख़ुदा है इश्क़

इश्क़ माशूक़ इश्क़ आशिक है
यानी अपना ही मुब्तिला[3] हे इश्क़

दिलकश[4] ऐसा कहां है दुश्मने-जां[5]
मुद्दई[6] है पर मुद्दआ[7] है इश्क़

कौन मक़सद को इश्क़ बिन पहुंचा
आरज़ू[8] इश्क़ मुद्दआ है इश्क़

---

1. दुनिया, 2. तौर.तरीका, 3 ग्रस्त, संलग्न, 4. मन को मोहने वाला, 5. जान का शत्रु, 6. प्रतिवादी, 7. इरादा, 8. इच्छा।

करते हैं गुफ़्तगू सहर उठकर सबा से हम

करते हैं गुफ़्तगू[1] सहर[2] उठकर सबा[3] से हम
लड़ने लगे हैं हिज्र[4] में उसके हवा से हम

होता न दिल का ता[5] ये सरअंजाम[6] इश्क़ में
लगते ही जी के मर गए होते बला से हम

छूटा न उस का देखना हम से किसू तरह
पायान-ए-कार मारे गए इस अदा से हम

दागों से ही भरी रहे छाती तमाम उम्र
यह फूल-गुल चुना किए बागे-वफ़ा से हम

गाफिल[7] न अपनी दीदा-दराई[8] से हमको जान
सब देखते हैं पर नहीं कहते हया[9] से हम

दो चार दिन तो और भी आ तू कराहतन
अब हो चुके हैं रोज़ की तेरी जफ़ा[10] से हम

---

1. वार्तालाप, 2. सवेरा, 3. वायु, 4. जुदाई, 5. तक, 6. परिणाम, फल, 7. असावधान, 8. बेशर्मी, 9. लज्जा, 10. ज़ुल्म।

64

जाना कि शग़ल रखते हो तीर-ओ-कमाँ से तुम

जाना कि शग़ल रखते हो तीर-ओ-कमाँ से तुम
पर मिल चला करो भी कसो ख़स्ता-जाँ से तुम

हम अपनी चाके-जैब[1] को सी रहते या नहीं
फाटे में पांव देने को आए कहां से तुम

अब देखते हैं खूब तो वह बात ही नहीं
क्या-क्या वगरना कहते थे अपनी ज़बां से तुम

खुल जाएंगी फिर आंखें जो मर जाएगा कोई
आते नहीं हो बाज़ मेरे इम्तिहां[2] से तुम

जितने ये कल तुम आज नहीं पाते उतना हम
हरदम चले ही जाते हो आबे-रवां[3] से तुम

---

1. चिथड़ा हुआ दामन, 2. इम्तिहान, 3. बहता हुआ जल।

65

बगैर दिल के ये कीमत है सारे आलम की

बगैर दिल के ये कीमत है सारे आलम की
किसू से काम नहीं रखती जिन्स[1] आदम की

कोई हो महरगे-शोख़ी[2] तेरा तो मैं पूंछू
कि बज्मे-ऐशे जहां[3] क्या समझ के बरहम[4] की

हमें तो बाग की तकलीफ़ से मुआफ़ रखो
कि सैरो गश्त[5] नहीं रस्म अहले-मातम[6] की

तनिक तो लुत्फ़ से कुछ कह कि जाँ-ब-लब हूँ मैं
रही है बात मिरी जान अब कोई दम की

क़फ़स[7] में 'मीर' नहीं जोशे-दाग सीने में
हवस[8] निकाली है हमने भी गुल के मौसम की

---

1. चीज, 2. चंचलता का परिचित, 3. दुनिया के भोग-विलास की बैठक, 4. बरबाद, 5. सैर, 6. दुख मनाने वाले, 7. पिंजरा, 8. उत्कंठा, लालसा।

66

मुहब्बत ने खोया खपाया हमें

मुहब्बत ने खोया खपाया हमें
बहुत उनने ढूंढा न पाया हमें

गहे[1] तर रहों गाह[2] खूंबस्ता[3] थी
इन आंखों ने क्या क्या दिखाया हमें

मले डाले है दिल कोई इश्क में
ये क्या रोग यारब लगाया हमें

जवानी दिवानी सुना क्या नहीं
हसीनों का मिलना भी भाया हमें

न समझी गयी दुश्मनी इश्क की
बहुत दोस्तों ने जताया हमें

कोई दम कल आयी थी मजलिस[4] में 'मीर'
बहुत इस ग़ज़ल पर रुलाया हमें

---

1. कभी, 2. कभी, 3. रक्त से चिपकी हुई, 4. महफ़िल ।

67

ता-ब मक़्दूर इंतिज़ार किया

ता-ब मक़्दूर इंतिज़ार किया
दिल ने अब ज़ोर बे-क़रार किया

दुश्मनी हमसे की ज़माने ने
कि जफाकार[1] तुझ-सा यार किया

यह तवहहुम[2] का कारखाना है
यां वही है जो एतबार किया

सद[3] रंगे-जां[4] को ताब[5] दे बाहम[6]
तेरी ज़ुल्फ़ों का एक तार[7] किया

हम फ़क़ीरों से बेअदाई[8] क्या
आन बैठे जो तुमने प्यार किया

सख़्त काफ़िर था जिसने पहले 'मीर'
मजहबे इश्क़[9] इख़्तियार[10] किया

---

1. अत्याचारी, 2. वहम, 3. सैकड़ों, 4. रक्त ले जाने वाली नाडी, जो हृदय तक जाती है, 5. शक्ति, 6. परस्पर, 7. बाल, 8. बेरुखी, 9. प्रेम का धर्म, 10. अपनाना।

क़द्र रखती न थी मता-ए-दिल

क़द्र[1] रखती न थी मता-ए-दिल[2]
सारे आलम[3] में मैं दिखा लाया

दिल में यक क़तरा[4] ख़ूं नहीं है बेश[5]
एक आलम के सर बला[6] लाया

सब पे जिस बार ने गिरानी की
उस को ये ना-तवाँ उठा लाया

दिल मुझे उस गली में ले जाकर
और भी ख़ाक में मिला लाया

इब्तदा[7] में ही मर गए सब यार
इश्क़ की कौन इन्तिहा[8] लाया

अब तो जाते हैं बुतकदे से 'मीर'
फिर मिलेंगे अगर ख़ुदा लाया

---

1. कीमत, 2. हृदय का धन, 3. दुनिया, जगत, 4. बूंदभर, 5. ज्यादा, अधिक, 6. परेशानी, 7. शुरू 8. चरमोत्कर्ष, परिणाम।

69

गए जो-शम्अ उस मज्लिस में जलने

गए जो-शम्अ[1] उस मज्लिस[2] में जलने
सभों पर हाल है रोशन[3] हमारा

बहुत चाहा था अब्रे-तर[4] ने लेकिन
न मिन्नतकश हुआ गुलशन[5] हमारा

चमन में हम भी ज़ंजीरी[6] रहे हैं
सुना होगा कभू शेवन[7] हमारा

किया था रेख़्ता परदा सुखन[9] का
सो ठहरा है यही अब फ़न[10] हमारा

न बहके मयकदे[11] में 'मीर' क्योंकर
गिरो[12] सौ-जा[13] है पैराहन[14] हमारा

---

1. दीपक की तरह; 2. महफिल 3. प्रकाशित, 4. पानी से भरा हुआ बादल, 5. अहसानमन्द, 6. कैदी, बंधा हुआ, 7. जोर-जोर से चिल्लाना, रोना, 8. कविता, बद्ध, 9. बातचीत, 10. हुनर, 11. शराबखाना, 12. गिरवी, 13. सैकड़ों स्थान, 14. कपड़े।

70

क्या दिन थे वो कि यां भी दिले-आरमीदा था

क्या दिन थे वो कि यां भी दिले-आरमीदा[1] था
रू[2]आशियाने तायरे-रंगे-परीदा[3] था

जिस सैदगाहे-इश्क़[4] में यारों का जी[5] गया
मर्ग[6] उस शिकार-गह का शिकारे-रमीदा[7] था

मत पूछ किस तरह से कटी रात हिज्र की
हर नाला मेरी जान को तेग़ कशीदा था

हासिल[8] न पूछ गुलशने-मशहद[9] का बुलहवस[10]
यां फल हर इक दरख़्त का हल्के-बुरीदा[11] था

---

1. इत्मीनान से भरा दिल, 2. मुख, 3. उड़े हुए रंग की चिड़िया का घोंसला, 4. प्यार की शिकारगाह, 5. हृदय, 6. मौत, 7. भागा हुआ आखेटक, 8. हासिल, 9. वधस्थल का बाग, 10. अधिक लोभी, 11. कटी हुई गर्दन।

71

अब के माह-ए-रमज़ाँ देखा था पैमाने में

अब के माह-ए-रमज़ाँ [1] देखा था पैमाने में
बारे[2] सब रोज़े तो गुज़रे मुझे मयख़ाने में

जैसे बिजली के चमकने से किसू की सुध जाए
बेखुदी आई अचानक तेरे आ जाने में

वो तो बालीं तईं आया था हमारी लेकिन
सुध भी कुछ हम को न थी जाने के घबराने में

आज सुनते हैं कि फ़र्दा[3] वो क़दआरा[4] होगा
देर कुछ इतनी क़यामत[5] के नहीं आने में

हक़ जो चाहे तो बंधी मुट्ठी चला जाऊँ 'मीर'
मस्लहत देखी न मैं हाथ के फैलाने में

---

1. रोज़ों का महीना, 2. खैर, 3. आने वाला कल, 4. लम्बाई को संवारकर खड़ा होना, 5. विनाशा काल।

72

बात क्या आदमी की बन आई

बात क्या आदमी की बन आई
आसमाँ से ज़मीन नपवाई

चर्ख़-ज़न[1] इस के वास्ते है मुदाम[2]
हो गया दिन तमाम रात आई

माह-ओ-ख़ुरशीद-ओ-अब्र-ओ[3]-बाद सभी
इस की ख़ातिर हुए हैं सौदाई[4]

कैसे कैसे किए तरद्दुद[5] जब
रंग-रंग[6] इस को चीज़ पहुँचाई

इस को तरजीह[7] सब के ऊपर दी
लुत्फ़-ए-हक़[8] ने की 'इज़्ज़त-अफ़ज़ाई[9]

हैरत[10] आती है इस की बातें देख
ख़ुद-सरी[11] ख़ुद-सिताई[12] ख़ुद-राई[13]

शुक्र[14] के सज्दों में ये वाजिब[15] था
ये भी करता सदा जबीं-साई[16]

सो तो इस की तबी'अत-ए-सरकश
सर न लाई फ़रो कि टुक लाई

1. घूमने वाला, 2. हमेशा, 3. चांद, सूरज, बादल और हवा, 4. पागल, 5. सोच-विचार, 6. विभिन्न, 7. सर्वप्रमुख, 8. ईश्वर की कृपा, 9. आदर--सम्मान देना, 10. आश्चर्य, 11. विरोध, 12. आत्मप्रशंसा, 13. मनमानी, 14. आभार प्रदर्शित करना, 15. सही, 16. माथा टेकना।

कैसे नाज़ो-तवख्खर से हम अपने यार को देखा है

कैसे नाज़ो-तवख्खर[1] से हम अपने यार को देखा है
नौगुल[2] जैसे जल्वा करे उस रश्के-बहार को[3] देखा है

चाल ज़माने की है नज़र में शाम-ओ-सहर किस को है क़याम
नौ-वारिद हम याँ के हैं पर लैल-ओ-नहार को देखा है

एक न आया दीद में अपनी दिलकश दिलचस्प उसके रंग
इन आंखों ने इस गुलशन में यूं तो हजार को देखा है

बाउ से गर पत्ता खड़के है चोट चले है जालिम की
हमने दामगहों[4] में उसके जैके-शिकार[5] को देखा है

जमा करो दिल 'मीर' से तुम भी बेताबी थी दिल को बहुत
कुछ अच्छे आसार न थे मैं उस बीमार को देखा है

---

1. अहंकार, 2. ताजा, पुष्प, 3. जिससे बहार भी जलन करे, 4. आखेट स्थान, 5. शिकार का चाव।

इबरत से देख जिस जा यां कोई घर बने है

इबरत[1] से देख जिस जा यां कोई घर बने है
परदे में जिस्म[2] ढहकर दीवारो-दर बने है

हैं दिलगुदाज़'[3] जिनके कुछ चीज़ माल वो है
होते हैं मुल्तफ़ित[4] तो फिर खाक ज़र[5] बने है

बरसों लगी रहे हैं जब मेहर-ओ-मह[6] की आंखें
तब कोई हम-सा साहब साहब-नज़र[7] बने हैं

याराने-दैरो-का' बा[8] दोनों बुला रहे हैं
अब देखें 'मीर' अपना जाना किधर बने है

1. शिक्षा, 2. शरीर, 3. विनम्र हृदय, 4. लगाव रखने वाला, 5. स्वर्ण, धन, 6. सूर्य, चन्द्रमा 7. गुणग्राही, 8. मन्दिर और का'बे के साथी।

75

ताबूत मिरा देर उठा उस की गली से

ताबूत मिरा देर उठा उस की गली से
इसबात हुआ जुर्म-ए-मोहब्बत का इसी से

तुम छेड़ते हो बज़्म[1] में मुझको तो हंसी से
पर मुझ पे जो हो जाए है पूछो मेरे जी से

उस शोख़[2] का तमकीन[3] से आना है क़यामत[4]
उकताने लगे हम-नफसा[5] तुम तो अभी से

नालां[6] मुझे देखें हैं बुतां[7] तिस पे हैं
ख़ामोश फ़रियाद है इस क़ौम की फ़रियादरसी[8] से

तालू से ज़बाँ रात को मुतलक़ नहीं लगती
आलम है सियह-ख़ाना[9] मिरी नौहागरी[10] से

बे-रहम वो तुझ पास लगा बैठने जब देर
हम 'मीर' से दिल अपने उठाए थे तभी से

1. महफिल, 2. चंचल, 3. गर्व, 4. कयामत, 5. दोस्तो, 6. क्रन्दन करते हुए, 7. खूबसूरत औरतें, 8. न्याय, 9. मुसीबत का घर, कैदखाना 10. रोना-पीटना।

76

इश्क़ क्या क्या आफ़तें लाता रहा

इश्क़ क्या क्या आफ़तें लाता रहा
आख़िर अब दूरी से जी जाता रहा

मेहर ओ मह गुल फूल सब थे पर हमें
चेहरई चेहरा ही वो भाता रहा

दिल हुआ कब इश्क़ की रह का दलील[1]
मैं तो खुद गुम ही इसे पाता रहा

मुंह दिखाता बरसों वह खुशरू[2] नहीं
चाह का यूं कब तलक नाता रहा

कुछ न मैं समझा जुनूनो-इश्क़ में
देर नासेह[3] मुझको समझाता रहा

दाग़ था जो सर पे मेरे शम्अ साँ
पाँव तक मुझ को वही खाता रहा

कैसे कैसे रुक गये हैं 'मीर' हम
मुद्दतों[4] मुंह तक जिगर आता रहा

---

1. रास्ता बताने वाला, 2. खूबसूरत, 3. उपदेश देने वाला, 4. लम्बे समय तक।

77

बँधा रात आँसू का कुछ तार सा

बँधा रात आँसू का कुछ तार सा
हुआ अब्र-ए-रहमत[1] गुनहगार[2] सा

कोई सादा ही उस को सादा कहे
लगे है हमें तो वो अय्यार[3] सा

मोहब्बत है या कोई जी का है रोग
सदा मैं तो रहता हूँ बीमार सा

गुल-ओ-सर्व[4] अच्छे सभी हैं वले[5]
न निकला चमन में कोई यार सा

जो ऐसा ही तुम हम को समझो हो सहल
हमें भी ये जीना है दुश्वार सा

फ़लक[6] ने बहुत खींचे आज़ार[7] लेक
न पहुँचा बहम[8] उस दिल-आज़ार[9] सा

मगर आँख तेरी भी चिपकी कहीं
टपकता है चितवन[10] से कुछ प्यार सा

चमन होवे जो अंजुमन[11] तुझ से वाँ
लगे आँख में सब की गुल ख़ार सा

खड़े मुंतज़िर[12] ज़ोफ़ जो आ गया
गिरा उस के दर पर मैं दीवार सा

अजब क्या जो उस ज़ुल्फ़ का साया-दार[13]
फिरे रातों को भी परी-दार[14] सा

नहीं 'मीर' मस्ताना सोहबत[15] का बाब
मुसाहिब करो कोई हुशियार सा

---

1. दयारूपी बादल, 2. अपराधी, 3. चालाक, 4. फूल और पौधे, 5. लेकिन, 6. आकाश, 7. कष्ट उठाना 8. उपलब्ध होना, 9. दिल दुखाने वाला, 10. दृष्टि, 11. महफ़िलए, 12. प्रतीक्षा करने वाला, 13. घना, 14. जो रातों को भी खोया-खोया हो, 15. साथी।

78

जय जुनूं से हमें तवस्सुल था

जब जुनूं[1] से हमें तवस्सुल[2] था
अपनी जंजीरे-पा[5] ही का गुल[4] था

बिस्तरा था चमन में जूं बुलबुल
नाला[5] सरमाया-ए-तवक्कुल[6] था

इक निगह[7] को वफ़ा न की गोया
मौसमे-गुल[8] सफ़ीरे बुलबुल[9] था

उसने पहचान कर हमें मारा
मुंह न करना इधर तजाहुल[10] था

शहर में जो नज़र पड़ा उसका
कुश्ता-ए-नाज़[11] या तगाफुल[12] था

अब तो दिल को न ताब है न क़रार
यादे-अय्याम[13] जब तहम्मुल[14] था

खूब दरियाफ्त जो किया हमने
वक्ते-खुश 'मीर' नकहले-गुल था

---

1. गुस्सा, 2. लगाव, 3. पैरों की ज़ंजीर, 4. कोलाहल, 5. जोर-जोर से चिल्लाना, 6. निस्पृहता का धन, 7. पलभर, 8. बसन्त का मौसम, 9. बुलबुल की आवाज़, 10. जानकर अंजान बन जाना, 11. खूबसूरती के घमण्ड से ग्रसित। 12. बुराई, 18. विगत की यादें, 14. बर्दाश्त की ताकत ।

79

सुना है हाल तिरे कुश्तगाँ बेचारों का

सुना है हाल तिरे कुश्तगाँ[1] बेचारों का
हुआ न गोर गढ़ा[2] उन सितम के मारों का

हज़ार रंग खिले गुल चमन के हैं शाहिद[3]
कि रोज़गार[4] के सर ख़ून है हज़ारों का

मिला है ख़ाक में किस-किस तरह का आलम[5] यां
निकल के शहर से टुक सैर कर मज़ारों का

निगाहे मस्त[6] के मारे तेरे ख़राब हैं शोख[7]
न ठौर है न ठिकाना है होशियारों का

करे हैं दावा-ए-ख़ुशचश्मी[8] आहुवान-ए-दश्त[9]
टुक एक देखने चल मुल्क उन गंवारों का

तड़प के मरने से दिल कि मग़फ़िरत[10] हो उसे
जहां में कुछ तो रहा नाम बेक़रारों का

तड़प के ख़िरमने-गुल[11] पे कभी गिर ऐ बिजली
जलाना क्या है मेरे आशियां[12] के ख़ारों[13]का

---

1. वध किए हुए, 2. अन्तिम संस्कार, 3. साक्षी, 4. दुनिया, 5. संसार, 6. चंचल आंखें 7. चंचल, 8. आंखों की सुन्दरता का दावा, 9. वन के हिरण, 10. आजादी, 11. पुष्पों का ढेर, 12. घोसला, ठिकाना, 13. कांटे।

मरते हैं हम तो आदमे-खाकी की शान पर

मरते हैं हम तो आदमे-खाकी की शान पर
अल्लाह रे दिमाग़ कि है आसमान पर

आफ़ात[1] में है मुर्गे-चमन गुल के शौक़ में
जोखों हज़ार-रंग के रहती है जान पर

उस कामे जां[3] के जल्वों का मैं ही नहीं हलाक[4]
आफ़त अजब तरह की है सारे जहान पर

अंदाज़ो-नाज़[5] अपने उस औबाश[6] के हैं कहर
सौ सौ जवान मरते हैं एक एक आन पर

शोख़ी तो देखो आप आओ बैठो 'मीर'
पूछा कहां, तो बोले कि मेरी ज़वान पर

---

1. परेशानियाँ, 2. बुलबुल, 3. प्रियतम, 4. मारा हुआ, 5. शिष्टाचार की शैली, 6. दुराचारी।

81

जख्मों पे जख्म झेले दागों पे दाग खाए

जख्मों पे जख्म झेले दागों पे दाग खाए
यक कतरा[1] खूने-दिल[2] ने क्या-क्या सितम[3] उठाए

बढ़ती नहीं पतक से ता हम तलक भी पहुंचे
फिरती हैं वो निगाहें पलकों के साए-साए

पर की बहार में जो महबूब जल्वाग[4] थे
सो गर्दिशे-फलक[5] ने सब खाक में मिलाए

हर क़त्अ-ए-चमन[6] पर टुक गाड़कर नज़र कर
बिगड़ी हज़ार शक्लें तब फूल ये बनाए

आगे भी तुझसे था यां तस्वीर का-सा आलम[7]
बेदर्दि-ए-फ़लक[8] ने वे नक्श[9] सब मिटाए

---

1. एक बूंद, 2. हृदय का खून, 3. जुल्म, 4. जाहिर, प्रकट, 5. आकाश का चक्कर, 6. उपवन का हिस्सा, 7 हालत, स्थिति, 8. आसमान की निर्दयता, 9. चिन्ह।

नही वसवास जी गंवाने के

नहीं वसवास जी गंवाने के
हाय रे ज़ौक़[1] दिल लगाने के

मेरे तग़ाईर-ए-हाल[2] पे मत जा
इत्तफाकात[3] हैं ज़माने के

इस कुदूरत[4] को हम समझते हैं
ढब हैं ये ख़ाक में मिलाने के

बस हैं दो बर्गे-गुल[5] कफस[6] में सबा[7]
नहीं भूखे हम आबो-दाने[8] के

चश्मा-ए-नजम सिपहर झपकी है
सदके इस अंखड़ियां लड़ाने के

कब तू सोता था घर मरे आ कर
जागे ताला ग़रीब-ख़ाने के

1. रसिकता, 2. हालत का बदलाव, 3. इत्तिफाक, 4. हृदय का मेल, 5. पुष्प की पत्तियां, 6. पिंजरा, 7. वायु, 8. जल और भोजन।

८३

मता-ए-दिल इस 'इश्क़' ने सब जला दी

मता-ए-दिल इस 'इश्क़ ने सब जला दी
कोई दिन ही में ख़ाक सी याँ उड़ा दी

दलील[1] इस बयाबां में दिल ही है अपना
न ख़िजो-बलद[2] यां न रहबर[3] न हादी[4]

मिज़ाजों में यास[5] आ गई है हमारे
न मरने का ग़म है न जीने की शादी[6]

जुदा इन ग़ज़ालाने-शहरी[7] से होकर
फिर हम बगूले से वादी-ब-वादी

मिले क़स्त[8] जन्नत में पीरे-मुग़ां[9] को
हमें ज़ेरे-दीवारे-मयख़ाना जा दी

---

1. तर्क, 2. भूले-भटकों को राह दिखाने वाले एक पैगम्बर और पथ-प्रदर्शक, 5. नेता, 4. देने वाला, 5. उदासी, 6. प्रसन्नता, 7. शहरी हिरण (माशूक़), 8. महल, 9. मदिरा बेचने वाला बूढ़ा।

84

कब तलक यह सितम उठाइएगा?

कब तलक यह सितम उठाइएगा?
एक दिन यूं ही जी से जाइएगा

शक्ल तस्वीर-ए-बे-ख़ुदी[1] कब तक
कसो दिन आप[2] में भी आइएगा

सब से मिल चल कि हादसे[3] से फिर
कहीं ढूंढा भी तो न पाइएगा?

कहिएगा उससे क़िस्सा-ए-मजनूं
यादी परदे में ग़म सुनाइएगा?

शरकते-शैखो-बरहमन[4] से 'मीर'
काबो-ओ-देर' से भी जाइएगा

अपनी डेढ़ ईंट की जद्दी मस्जिद
किसी वीराने में बनाइयेगा

1. अपनी यादों की तस्वीर बने हुए, 2. अपने, 3. इत्तिफाक, 4. शेख और ब्राह्मण को साथ लेना।

85

जो इस शोर से 'मीर' रोता रहेगा

जो इस शोर से 'मीर' रोता रहेगा
तो हमसाया[1] काहे को सोता रहेगा

मैं वो रोने वाला जहाँ से चला हूँ
जिसे अब्र हर साल रोता रहेगा

मुझे काम रोने से अक्सर है, नासह[2]
तू कब तक मेरे मुंह को धोता रहेगा

बस ऐ गिरिया[3] आंखें तेरे क्या नहीं हैं
तू कब तक जहां को डुबोता रहेगा

मेरे दिल ने वह नाला[4] पैदा किया है
जरस[5] के भी जो होश खोता रहेगा

तू यूँ गालियाँ ग़ैर को शौक़ से दे
हमें कुछ कहेगा तो होता रहेगा

बस ए 'मीर' मिज़गा[6] से पोंछ आंसुओं को
तू कब तक ये मोती पिरोता रहेगा

1. पड़ोसी, 2. भाषण देने वाला, 3. रोना, 4. चिल्लाना, 5. घंटा, 6. पलकों।

86

मेरे संग-ए-मज़ार पर फ़रहाद

मेरे संग-ए-मजार[1] पर फ़रहाद
रख के तेशा कहे है 'या उस्ताद!

फिक्रे-तामीर[2] में न रह मुनअम[3]
ज़िन्दगानी की कुछ भी है बुनियाद

सुनते हो टुक सुनो कि फिर मुझ बाद
न सुनोगे ये नाला-ओ-फ़रियाद

तेरी क़ैदे-क़फ़स का क्या शिकवा
नाले अपने से, अपने से फ़रियाद

नहीं सूरत-पजीर[4] नक़्श[5] उसका
यूं ही तसदीअ[6] खैचे हैं वहज़ाद[7]

---

1. क़ब्र का पत्थर, 2. बनाने की फिक्र, 8. अमीर, 4. साकार होने वाला, 5. रूप-रेखा, 6. व्यर्थ परिश्रम, 7. एक पुराना नामी चित्रकार।

87

क्या कहिए कली-सा वो दहन है

क्या कहिए कली-सा वो दहन[1] है
इसमें भी जो सोचिए सुख़न[2] है

वाबस्तगी[3] मुझसे शीशा-ए-जां[4] की
उस संग[5] से है कि दिलकिन[6] है

क्या सहल गुज़रती है जुनूं[7] में
तोहफ़ा[8] हम लोगों का चलन है

वे बन्दे-क़बा[9] खुले थे शायद
सद-चाक[10] गुलों का पैरहन है

गह[11] दैर[12] में है गहे-हरम[13] में
अपना तो यही दीवानापन है

हम कुश्ता-ए-इश्क[14] हैं हमारा
मैदान की खाक ही कफ़न है

कर 'मीर' के हाल पे तरहहुम[15]
वो शहर ग़रीबो बेवतन[16] है

---

1. मुख, 2. बोल, 3. ताल्लुकात, 4. शीशे जैसे कोमल प्राण वाला, 5. पत्थर, 6. हृदय तोड़ने वाता, 7. मूर्खपन, 8. इनाम, 9. कपड़ों के बन्द, 10. टुकड़े-टुकड़े, 11. कभी, 12. मन्दिर, 13. मस्जिद, 14. प्यार का मारा हुआ, 15. रहम, कृपा, 16. जिसका कोई देश न हो।

८८

तुझ बिन ऐ नौ-बहार के मानिंद

तुझ बिन ऐ नौ-बहार के मानिंद
चाक[1] है दिल अनार के मानिन्द

पहुंची शायद जिगर तक आतिशे इश्क
अश्क[2] हैं सब शरार[3] के मानिन्द

हार कर शब[4] गले पड़े उसके
हम भी फूलों के हार के मानिन्द

बर्क[5] तड़पी बहुत वले[6] न हुई
इस दिले-बेक़रार के मानिन्द

उसकी सरतेज़ हर पलक है 'मीर'
खंजरे-आबदार के मानिन्द

---

1. फटा, 2. आँसू, 3. चिंगारी, 4. रात, 5. बिजली, 6. लेकिन।

89

ता गोर के ऊपर वो गुल-अंदाम न आया

ता[1] गोर[2] के ऊपर वो गुलअन्दाम[3] न आया
हम ख़ाक के आसूदों[4] को आराम न आया

बेहोश-मये इश्क़[5] हूं क्या मेरा भरोसा
आया जो बेखुद[6] सुब्ह तो मैं शाम न आया

किस दिल से तेरा तीरे-निगह[7] पार न गुजरा
किस जान को यह मर्ग[8] का पैग़ाम[9] न आया

देखा न उसे दूर से भी मुन्तज़िरों[10] ने
वो रश्के-महे-ईद[11] लबे-बाम न आया

अब के जो तेरे कूचे[12] से जाऊंगा तो सुनियो
फिर जीते-जी इस राह वो बदनाम न आया

ना ख़ून ही आंखों से बहा टुक न हुआ दाग
अपना तो ये दिल 'मीर' किसू काम न आया

---

1. जब तक, 2. कब्र, 3. पुष्प जैसे जिस्म वाला, 4. मृत, 5. प्यार की शराब में मस्त, 6. होश में, 7. दृष्टि का बाण, 8. मृत्यु, 9. सन्देश, 10. इन्तिजार करने वालों, 11. ईद के चन्द्रमा को मात देने वाला, 12. कूचा।

९०

सुबह हुई गुलज़ार में तायर दिल को अपने टटोलें हैं

सुबह हुई गुलज़ार में तायर[1] दिल को अपने टटोलें हैं
याद में उस ख़ुद-रौ[2] गुले-तर के कैसे कैसे बोले हैं

बाग में जो हम दीवाने से जा निकलें हैं नाला-कुनां[3]
गुंचे[4] होकर मुर्ग[5] चमन के साथ, हमारे हो लें हैं

यार हमारा आसां क्या कुछ सीना-कुशादा[6] हम से मिला
ख़ून करें हैं जब दिल को वे बंद क़बा के खोलें हैं

मींह जो बरसे है शिद्दत से देख अँधेरी किया है ये
या'नी तंग जो हम आते हैं दिल को खोल के रो लें हैं

मर्ग[7] का वक़्फ़ा इस रास्ते में क्या है 'मीर' समझते हो
हारे मांदे राह के हैं हम लोग कोई दम सो लें हैं

1. चिड़ियां, 2. स्वयं उगने वाला, 3. रोते हुए, 4. कलियों (की तरह शांत), 5. पक्षी, 6. खुलकर, 7. मृत्यु

91

सुनियो जब वह कभू सवार हुआ

सुनियो जब वह कभू सवार हुआ
ता-बरुहुलअमी[1] शिकार हुआ

उस फ़रेबिन्दर[2] को न समझे आह
हमने जाना कि हमसे यार हुआ

नाला[3] हम ख़ाकसारों[4] का आखिर
खातिरे-अर्श[5] का गुबार[6] हुआ

जो न कहना था सो भी मैं ने कहा
दिल की बे-ताक़ती से ख़्वार हुआ

फिर गया है ज़माना क्या कि मुझे
होते ख़्वार एक रोज़गार हुआ

मर चले बेकरार होकर हम
अब तो तेरे तई क़रार हुआ

वो जो खंजर बकफ़[7] नज़र आया
'मीर' सौ जान से निसार[8] हुआ

1. सबसे बड़े रिश्ते तक 2. विश्वासघाती 3. जोर-जोर चिल्लाना, 4. नम्र 5. आकाश का दिल, 6. खाक, 7. हाथ में छुरी लिए हुए, 8. कुरबान।

92

जफ़ाएँ देख लियाँ बेवफ़ाइयाँ देखी

जफ़ाएँ देख लियाँ बेवफ़ाइयाँ देखीं
भला हुआ कि तिरी सब बुराइयाँ देखीं

तेरे विसाल[1] के हम शौक़ में हो आवारा
अज़ीज दोस्त सभों की जुदाइयां देखीं

शहां[2] कि कुहसे-जवाहर[3] थी खाके-पा[4] जिनकी
उन्हीं की आंखों में फिरती सलाइया[5] देखी

बनी न अपनी तो उस जंगजू[6] से अपनी 'मीर'
लड़ाई जब से हम आंखें, लड़ाइयां देखीं

1. मिलन, 2. बादशाह, 8. जवाहर का सुरमा, 4. चरण-रज, 5. नेत्रों का फोड़ा जाना, 6. लड़ने वाला महबूबा।

93

ले रंग-ए-बे-सबाती ये गुलिस्ताँ बनाया

ले रंग-ए-बे-सबाती[1] यह गुलसिताँ बनाया
बुलबुल ने क्या समझकर या आशियां[2] बनाया

उड़ती है खाक या-रब[3] शामो सहर[4] जहां में
किसके गुबारे-दिल[5] से यह खाकदा[6] बनाया

इक रंग पर न रहना यां का अजब[7] नहीं है
क्या-क्या न रंग लाए तब यह जहां बनाया

नक्शे-कदम[8] से उसके गुलशन की तरह[9] डाली
गर्दे-रह[10] उसकी लेकर सर्वे-रवां[11] बनाया

होने पे जम' अपने फूला बहुत था लेकिन
क्या गुंचा तंग आया जब वो दहाँ बनाया

इस सहन[12] पर ये वुसअत[13] अल्ला री तेरी सनअत[14]
मेमार[15] ने कजा[16] के दिल का मकां बनाया

---

1. मिट जाने वाला, 2. घोंसला, 3. हे भगवान, 4. शाम-सुबह, 5. हृदय की राख, 6. मिट्टी से बना जगत, 7. हैरानी, 8. पैरों के निशान, 9. आधार, 10. किस्मत की धूल, 11. 'सरो' नामक एक सदाबहार पेड़, 12. आंगन, 13. विस्तार, 14. उद्योग-धन्धे, 15. निर्माण करने वाले, 16. तकदीर।

94

ब-रंग-ए-बू-ए-गुल उस बाग़ के हम आश्ना होते

ब-रंगे-बू-ए-गुल[1] इस बाग़ के हम आशना[2] होते
कि हमराहे-सबा[3] टुक सैर करते और हवा होते

सरापा[4] आरज़ू होने ने बन्दा कर दिया हमको
वगरना हम ख़ुदा थे गर दिले- बेमुद्दआ[5] होते

फ़लक ऐ काश हमको ख़ाक ही रखता कि उसमें हम
गुबारे-राह होते या किसू की खाके-पा[6] होते

इलाही! कैसे होते हैं जिन्हें है बन्दगी[7] ख़्वाहिश[8]
हमें तो शर्म दामनगीर[9] होती है ख़ुदा होते

अब ऐसे हैं कि सानेअ[10] के मिज़ाज़ ऊपर बहम पहुंचे[11]
जो ख़ातिर-ख्वाह[12] अपने हम हुए होते तो क्या होते

कहें जो कुछ मलामतगर[13] बजा[14] है 'मीर' क्या जाने
उन्हें मालूम तब होता कि वैसे से जुदा होते

---

1. पुष्प की महक के समान, 2. महबूब, प्यार, 3. वायु के साथ-साथ, 4. सिर से पांवों तक, 5. निरुद्देश्य हृदय, 6. पांवों की धूल, 7. गुलामी, 8. इच्छा, 9. दामन पकड़ने वाली, 10. बनाने वाला भगवान, 11. बने, 12. इच्छा के मुताबिक, 13. भला.बुरा कहने वाले, 14. उचित।

नागह जो वो सनम सितम-ईजाद आ गया

नागह[1] जो वह सनम[2] सितम-ईजाद[3] आ गया
देखे से तौर उसके ख़ुदा याद आ गया

फोड़ा था सर तो हमने भी पर इसको क्या करे
जो चश्मे,-रोज़गार[4] में फ़रहाद आ गया

अपना भी कस्द[5] था सरे-दीवारे-बाग का
तोड़ा ही था क़फ़स[6] को कि सय्याद[7] आ गया

जौरो-सितम उठाने ही उसके पड़ेंगे शैख
मसजिद में गर वो आशिक-बेदाद[8] आ गया

देखेंगे आदमी की रविश 'मीर' हम तेरी
गर सामने से टुक वो परी-जाद आ गया

---

1. अचानक, 2. प्रियतम, 3. निर्दयी, 4. संसार की आंख, 5. संकल्प, 6. पिंजरा, 7. चिड़ीमार, 8. निष्ठुरता. प्रेमी।

गए जी से छूटे बुतों की जफा से

गए जी से छूटे बुतों की जफा से
यही बात हम चाहते थे ख़ुदा से

वो अपने ही खूबी[1] में रहता है नाजां[2]
मरो या जियो कोई उसकी बला से

कोई हम से खुलते हैं बंद उस क़बा के
ये उक़्दे खुलेंगे कसो की दुआ से

पशेमान[3] तौबा से होगा अदम[4] में
कि ग़ाफ़िल[5] चला शेख लुत्फ़े-हवा[6] से

न रक्खी मेरी ख़ाक भी उस गली में
कदूरत[7] मुझे है निहायत[8] सबा[9] से

जिगर सु-ए-मिजगां[10] खिंचा जाए है कुछ
मगर दीदा-ए-तर[11] है लोहू के प्यासे

न शिकवा-शिकायत न हफ़ोर-हिकायत[12]
कहो 'मीर' जी आज क्यों हो ख़फ़ा से

---

1. अच्छाई, 2. अहंकारी, 3. लज्जित, 4. आसमान, 5. अन्जान, 6. हवा का मजा, 7. हृदय का मैल, 8. अधिक, 9. वायु, 10. पलकों की ओर, 11. आंसू भरे नेत्र, 12. बातचीत।

फिरता है ज़िंदगी के लिए आह ख़्वार क्या

फिरता है जिन्दगी के लिए आह ख्वार[1] क्या
इस वहम[2] की नुमूद[3] का है एतबार क्या

क्या जानें हम असीरे-क़फ़स- ऐ नसीम[5]
गुल कैसे, बाग़ कहते हैं किसको, बहार क्या

आंखें बरंगे-नक्शे-कदम[6] हो गई सफ़ेद
फिर और कोई उसका करे इन्तज़ार क्या

मारा हो एक-दो को तो हो मुद्दई[7] कोई
कुश्तों[8] का उसके रोज़े जज़ा[9] में शुमार[10] क्या

पाते हैं अपने हाल[11] में मजबूर सबको हम
कहने को इख़्तियार[12] है पर इख़्तियार क्या

---

1. अपमानित 2. वहम 3. आविर्भाव, 4. पैदायशी कैदी, 5. वायु 6. पैरों के निशान की तरह, 7. प्रतिवादी, 8. मरे हुओं, मक़तूल, 9. कयामत के दिन, 10 गिनती, 11, हालत, 12. हक।

98

जिनके लिए अपने तो यूं जान निकलते हैं

जिनके लिए अपने तो यूं जान निकलते हैं
इस राह में वे जैसे अनजान निकलते हैं

क्या तीर-ए-सितम उस के सीने में भी टूटे थे
जिस ज़ख़्म को चीरूँ हूँ पैकान निकलते हैं

मत सहल हमें जानो फिरता है फ़लक[1] बरसों
तब खाक के परदे से इन्सान निकलते हैं

किसका है क्रिमाश[2] ऐसा गूदड़ भरे है सारे
देखो न जो लोगों के दीवान निकलते हैं

सो काहे को अपनी तू जोगी की सी फेरी है
बरसों में कभू ईधर हम आन निकलते हैं

उन आईना-रुयों[3] के क्या 'मीर' भी आशिक है
जब घर से निकलते हैं हैरान निकलते हैं

---

1. आकाश, 2. तरीका, 3. आईना जैसे (निर्मल) मुखड़ों वाले ।

९९

शोहरा-ए-आलम उसे युम्न-ए-मोहब्बत ने किया

शोहरा-ए-आलम[1] इसी युम्न-ए-मुहब्बत[2] ने किया
वरना मजनूं एक ख़ाक उफ़्ताद-ए-वीराना[3] था

मंजिल उस मह[4] की रहा जो मुद्दतों ऐ हमनशी
अब वो दिल गया कि इक मुद्दत का मातमख़ाना था

इक निगाहे-आशना को भी वफ़ा करता नहीं
वां हुई मिज़गां कि वो इक सब्ज़ा[5]-ए-बेगाना था

यादे-अय्याम अपनी रोजो-शब[6] की जा-ए-बाश[7]
या दरे-बाज़े-बयाबां[8] या दरे-मयख़ाना था

बाद खूरेजी[9] के मुद्दत बे-हिना-रंगी[10] रहा
हाथ उसका जो मेरे लोहू में गुस्ताख़ाना[11] था

शब फ़रोगे-बज्म[12] का बाइस हुआ था हुस्ने -दोस्त
शम्अ का जल्वा गुबारे-दीदा-ए-परवाना था

रात उसकी चश्मे-मैगू[13] ख़्वाब में देखी थी मैं
सुबह सोते से उठा तो सामने पैमाना था

'मीर' भी क्या मस्त ताफ़ेह था शराब-ए-इश्क़ का
लब पे आशिक़ के हमेशा नारा-ए-मस्ताना था

---

1. संसार में सबसे ज्यादा मशहूर 2. प्यार का प्रताप, 3. सन्नाटे की धूल में पड़ा हुआ, 4. चन्द्रमा, 5. हरियाली, 6. दिन-रात, 7. रहने का स्थान, 8. खुला वन, 9. रक्तपात, 10. मेहंदी के रंग के बिना, 11. उद्दण्डता के साथ, 2. महफिल की चमक, 13. शराब के रंग जैसी आँखे।

100

जिंदगी होती है अपनी ग़म के मारे देखिए

जिंदगी होती[1] है अपनी ग़म के मारे देखिए
मुंद लीं आंखें इधर से तुमने प्यारे देखिए

राहे-दूर-इश्क में अब तो रखा हमने क़दम
रफ़्ता-रफ़्ता पेश क्या आता है बारे देखिए

खंजरे-बेदाद[2] को क्या देखते हो दमबदम
चश्म[3] से इंसाफ़ की सीने हमारे देखिए

एक खूं हो बह गया, दो रोते ही रोते गये
दीदा-ओ-दिल[4] हो गये हैं सब किनारे देखिए

रह गये सोते के सोते क़ाफ़िला जाता रहा
हम तो 'मीर' इस रह के ख़्वाबीदा[5] हैं बारे देखिए

---

1. समाप्त होती, 2. जुल्म रूपी खंजर, 3. नेत्र, 4. नेत्र और हृदय, 5. सोने वाला।

101

अब ख़राबा हुआ जहानाबाद

अब ख़राबा हुआ जहानाबाद
वर्ना हर इक क़दम पे याँ घर था

बे-जरी[1] का न कर गिला ग़ाफ़िल[2]
रह तसल्ली[3] कि यूं मुक़द्दर [4] था

इतने मुनइम[5] जहान[6] में गुज़रे
वक्त रहलत[7] के किस कने ज़र[8] था

साहबे-जाहो शोकत-ओ-इकबाल[9]
इक अज़्ज़ां-जुम्ला[10] अब सिकन्दर था

थी ये सब कायनात[11] जेरे-नगी [12]
साथ मोरो-मलख[13] सा लश्कर था

लाल-ओ-याकुत हम जर-ओ-गौहर[14]
चाहिए जिस क़दर मयस्सर[15] था

आखिरकार जब जहां से गया
हाथ खाली कफ़न से बाहर था

खुश रहा जब तलक रहा जीता
'मीर' मालूम है कलन्दर[16] था

---

1. गरीबी, 2. असावधान, 3. सब्र रखो, 4. तकदीर, 5. अमीर, 6. दुनिया, 7. मृत्यु, 8. धन, 9. इज्जतदार, वैभवी और प्रतापी, 10, उनमें से एक, 11. दुनिया, 12, अधीन, 18. कीड़े-मकोड़े, 14. स्वर्ण और मोती, 15. हासित, 16. साधु जो मस्त-मौला हो।

102

आराम हो चुका मिरे जिस्म-ए-नज़ार को

आराम हो चुका मिरे जिस्म-ए-नज़ार[1] को
रक्खे ख़ुदा जहां में दिले-बेकरार को

पानी में जैसे गुंचा-ए-लाला[2] फिर बहा
देखा मैं आंसुओं में दिले-दागदार[3] को

हंसता ही मैं फिरूं जो मेरा कुछ हो इख्तियार[4]
पर क्या करूं मैं दीदा-ए-बेइख्तियार[5] को

आया जहाँ में दोस्त भी होते हैं यक दिगर
मुझ से तो दुश्मनी ही रही मेरे यार को

सौ बार यूँ तो ग़ैरों से करते हो हँस के बात
कुछ मुँह बना रहो हो हमारी ही बार को

किस-किसकी ख़ाक अबके मिलानी है ख़ाक में
जाती है फिर नसीम[6] उसी रहगुज़ार[7] को

ऐ वह कोई जो आज पिए है शराबे-ऐश[8]
ख़ातिर[9] में रखियो कल के भी रंजो- =खुमार[10] को

1. कमजोर शरीर, 2. लाला की कली, 3. दागों से भरा दिल, 4. अधिकार, 5. जिन नेत्रों पर हक न हो, 6. वायु, 7. मार्ग, 8. विलास की मदिरा, 9. दिल, 10. दुख और मयखाना।

यारब! कोई हो इश्क़ का बीमार न होवे

यारब! कोई हो इश्क़ का बीमार न होवे
मर जाय वले[1] उसको ये आज़ार न होवे

जिंदा[2] में फंसे, तौक पड़े, कैद में मर जाय
पर दामे-मुहब्बत[3] में गिरफ़्तार न होवे

इस वास्ते कांपूं हूं कि हैं आह निपट सर्द
यह बाउ[4] कलेजे के कहीं पार न होवे

सहरा-ए-मुहब्बत[5] है, क़दम देख के रख 'मीर'
यह सैर सरे-कुचा-ओ-बाजार[6] न होवे

1. किन्तु, 2. कैद, 3. प्यार का जाल, 4. हवा, 5. प्यार का वन, 6. गलियों और बाज़ारों की सैर।

भरे रहते हैं सारे फूल ही जिसके गरेबां में

भरे रहते हैं सारे फूल ही जिसके गरेबां में
वो क्या जाने कि टुकड़े हैं जिगर के मेरे दामां[1] में

ख़याले-यार[2] में आगे हैं यक महपारा[3] यां हरदम
अगर हिज्रा[4] में ज़िन्दानी[5] हूं पर हूं युसूफिस्तां[6] में

रखा अर्सा[7] जुनूं[8] पर तंग[9] मुश्ताकों[10] की दूरी से
किसे मारा है उस घतिये ने सम्मुख होके मैदा में

जहां से देखिए इक शेरे-शोर-अंगेज[11] निकले है
क़यामत का-सा हंगामा है हर-जा[12] मेरे दीवां[13] में

हवा-ए-अब्र[14] में क्या 'मीर' हंसता बाग़ में यह था
गिरी पड़ती है बिजली आज कुछ सहने-गुलिस्तां[15] में

---

1. दामन, 2. महबूबा का ध्यान, 3. चन्द्रमा का टुकड़ा, 4. जुदाई, 5. कैदी, 6. सुन्दरता से भरा नगर, 7. मैदान, 8. मूर्खता, 9. छोटा, 10. बेताब, 11. धूमधाम का शोर, 12. हर स्थान 13. काव्य-संग्रह, 14. बादलों के साये में चलने वाली वायु 15. उपवन रूपी आंगन।

हस्ती अपनी हुबाब की-सी है

हस्ती[1] अपनी हुबाब[2] की-सी है
यह नुमाइश सराब[3] की-सी है

नाजुकी उसके लब[4] की क्या कहिए
पंखुड़ी इक गुलाब की-सी है

बार-बार उसके दर पे जाता हूं
हालत अब इज़्तराब[5] की-सी है

मैं जो बोला, कहा कि यह आवाज़
उसी खानाख़राब[6] की-सी है

मीर' उन नीमबाज़[7] आंखों में
सारी मस्ती शराब की-सी है

1. वजूद, 2. बुलबुला, 3. मरीचिका, 4. अधर, 5. व्याकुलता, 6. नष्ट, 7. अधखुली।

था मुस्तआर हुस्न से उसके जो नूर था

था मुस्तआर[1] हुस्न से उसके जो नूर था
खुर्शीद[2] में भी उसका ही ज़र्रा[3] जहूर[4] था

पहुंचा जो आप[5] को तो में पहुंचा ख़ुदा के तई
मालूम यह हुआ कि बहुत मैं भी दूर था

कल पांव एक कासा-ए-सर[6] पर जो आ गया
यकसर वो उस्तख्वानों[7] शिकस्तों[8] से चूर था

कहने लगा कि देख के चल राह, बेखबर!
मैं भी कभू किसू का सरे-पुर-ग़रूर था

था वह तो रश्के-हूरे बहिश्ती[9] हमीं में 'मीर'
समझे न हम तो फ़हम[10] का अपनी कसूर था

1. कर्जदार, 2. सूरज, 3. कण, 4. जाहिर होना, 5. खुद, 6. सिर का बर्तन, 7. हड्डी, 8. जख्मों, 9. जन्नत की हूरों को शरमा देने वाला (ईश्वर), 10. समझदारी।

107

इश्क़ में ना ख़ौफ़ो-ख़तर चाहिए

इश्क़ में ना ख़ौफ़ो-ख़तर[1] चाहिए
जान के देने को जिगर[2] चाहिए

काबिले आग़ोशे सितमदीदगां[3]
अश्क[4]-सा पाकीज़ा[5] गुहर[6] चाहिए

कम हैं शनासा-ए-ज़रे-दागे[7] दिल
इसके परखने को नज़र चाहिए

शर्त सलीक़ा[8] हर इक अम्र[9] में
ऐब[10] भी करने को हुनर[11] चाहिए

ख़ौफ़ क़यामत का यही है कि 'मीर'
हमको जिया बारे-दिगर[12] चाहिए

---

1. डर, 2. हिम्मत, 3. जुल्म सहने वालों की गोद के लायक, 4. आंसू, 5. पाक, 6. मोती, 7. हृदय के दाग की दौलत को परखने वाले, 8. ढंग, तरीक़ा, 9. कार्य, 10. दुर्गुण, 1. खूबी, खासियत, 12. दूसरी बार।

108

हाथ से तेरे अगर मैं नातवां मारा गया

हाथ से तेरे अगर मैं नातवां[1] मारा गया
सब कहेंगे यह कि क्या इक नीमजां[2] मारा गया

वस्लो-हिज़ा[3] ये जो दो मंज़िल हैं राहे-इश्क़ की
दिल ग़रीब उनमें ख़ुदा जाने कहां मारा गया

दिल ने सर खेंचा[4] दयारे-इश्क़[5] में ऐ बुलहवस[6]
वह सरापा-आरज़ू[7] आख़िर जवां मारा गया

कब नियाज़े-इश्क़[8] नाज़े-हुस्न से खींचे है हाथ
आख़िर-आख़िर 'मीर' सर-बर-आस्तां[9] मारा गया

1. कमजोर, 2. अधमरा, 3. मिलन और जुदाई, 4. शीश उठाया, 5. प्यार का नगर, 6. बहुत ज्यादा लालची, 7. पूर्ण तमन्ना, 8. प्रेम आस्था, 9. दहलीज़ पर सिर रखे हुए,

109

जिस सर को ग़रूर आज है यां ताजवरी का

जिस सर को ग़रूर आज है यां ताजवरी[1] का
कल उस पे यहीं शोर है फिर नौहागरी[2] का

आफ़ाक़[3] की मंजिल से गया कोन सलामत
असबाब लुटा राह में यां हर सफ़री[4] का

ले सांस भी आहिस्ता कि नाजुक है बहुत काम
आफ़ाक़ की इस कारगहे-शीशागरी[5] का

टुक 'मीरे'-जिगर-सोख्ता[6] की जल्द खबर ले
क्या यार भरोसा है चिरागे सहरी[7] का

1. राजा बनने का, 2. विलाप करना, 3. दुनिया, 4. मुसाफिर, 5. कांच का काम, 6. टूटे दिल वाला 'मीर', 7. सहर की रोशनी।

दिल से शौक़-रुख़ेर-निकू न गया

दिल से शौक़-रुख़ेर-निकू[1] न गया
झांकना-ताकना कभू न गया

हर क़दम पर थी उसकी मंज़िल लेक[2]
सर से सौदा-ए-जुस्तजू[3] न गया

सब गए होशो-सब्र ताबो-तवां[4]
लेकिन ऐ दाग़ दिल से तू न गया

सुबहा-गरदा[5] ही 'मीर' हम तो रहे
दस्ते कोताह[6] ता[7] सुबू [8] न गया

---

1. खूबसूरत चेहरों का प्यार, 2. किन्तु, 3. तलाश की लगन (दीवानगी), 4. ताकत, 5. माला का जप, 6. छोटा हाथ, 7. तक, 8. शराब की सुराही।

111

है-तहे-दिल बुतों का क्या मालूम

है-तहे-दिल[1] बुतों[2] का क्या मालूम
निकले परदे से क्या खुदा मालूम

यही जाना कि उम्र न जाना हाय
सो भी इक उम्र में हुआ मालूम

इस्म[3] सबको है ये कि सब तू है
फिर है अल्लाह कैसा नामालूम

गर्चे तू ही है सब जगह लेकिन
हमको तेरी नहीं है जा[4] मालूम

---

1. दिल की गहराई, 2. मूर्ति, महबूबा, 3. ज्ञान, 4. स्थान।

112

जानते तो इश्क़ न करते किसू के साथ

हम जानते तो इश्क़ न करते किसू के साथ
ले जाते दिल को ख़ाक में इस आरज़ू[1] के साथ

था अक्स उसके क़ामते-दिलकश[2] का बाग़ में
आंखें चली गई हैं लगा आबजू[3] के साथ

नाजां[4] हो उसके सामने क्या गुल[5] खिला हुआ
रखता है लुत्फ़े नाज[6] भी रू-ए-निकू[7] के साथ

हम ज़र्द काहे-खुश्क[8] से निकले हैं ख़ाक से
बालीदगी[9] न ख़ल्क[10] हुई इस नुमू[11] के साथ

---

1. तमन्ना, 2. दिल को अच्छा लगने वाला, क़द, 3. बहता पानी, 4. घमण्डी, 5. पुष्प, 6. सौन्दर्याभिमान का मजा, 7 सुन्दर चेहरा, 8. सूखी घास, 9. उपज, 10. बनाना, 11. आविर्भाव, प्रकटन।

113

आलम में कोई दिल का तलबगार न पाया

आलम में कोई दिल का तलबगार न पाया
इस जिंस का यां हमने ख़रीदार न पाया

हक़[1] ढूंढने का आपको आता नहीं वरना
आलम है सभी यार कहां यार न पाया

सूराख है सीने में हर इक शख्स के तुझ से
किस दिल के तेरा तीरे-निगह पार न पाया

आईना भी हैरत से मुहब्बत की हुए हम
पर सेर[2] हो उस शख़्स का दीदार न पाया

वह खैच के शमशीरे-सितम रह गया जो 'मीर'
खूरेजी[3] का यां कोई सजावार[4] न पाया

1. हक, 2. दिल भर कर, 3. रक्त बहाना, 4. पात्र।

114

अब के बहुत है शोरे- बहारां हमको मत ज़ंजीर करो

अब के बहुत है शोरे-बहारां[1] हमको मत ज़ंजीर करो
दिल की हवस[2] कुछ हम भी निकालें, धूमें हमको मचाने दो

अरसा[3] कितना सारे जहां[4] का वहशत[5] पर जो आ जावें
पांव तो हम फैला देंगे, पर फुर्सत हमको पाने दो

क्या जाता है इसमें हमारा चुपके हम तो बैठे हैं
दिल जो समझना था सो समझा नासेह[6] को समझाने दो

बातें बनाना मुश्किल-सा है शे'र सभी यां कहते हैं
फिक्रे-बुलन्द[7] से यारों को इक ऐसी ग़ज़ल कहलाने दो

---

1. बहार का कोलाहल, 2. लोलुपता, 3. विस्तार, 4. दुनिया, 5. मूर्खता, 6. उपदेश सुनाने वाला, 7. ऊंचे ख्याल।

115

उम्रभर हम रहे शराबी से

उम्रभर हम रहे शराबी से
दिले-पुरखूं[1] की इक गुलाबी[2] से

जी ढहा जाए है सहर से आह
रात गुज़रेगी किस खराबी से

खिलना कम-कम कली ने सीखा है
उसकी आंखों की नीमख्वाबी[3] से

बुर्क़ा उठते ही चाँद सा निकला
दाग़ हूँ उस की बे-हिजाबी से

काम थे इश्क़ में बहुत पर 'मीर'
हम ही फ़ारिग़ हुए शिताबी से

---

1. रक्त भरा दिल, 2. मदिरा, 3. आधी नींद की हालत।

116

आ जाएं हम नज़र जो कोई दम बहुत है यां

आ जाएं हम नज़र जो कोई दम बहुत है यां
मुहलत हमें बसाने शरर[1] कम बहुत है यां

हासिल[2] है क्या सिवाय तराई के दहर[3] में
उठ आसमां[4] तले से कि शबनम[5] बहुत है यां

इस बुतकदे[6] में मानी[7] का किससे करें सवाल
आदम नहीं है सूरते-आदम बहुत है यां

आलम[8] में लोग मिलने की गौ अब नहीं रहे
हरचन्द[9] ऐसा-वैसा तो आलम बहुत है यां

मेरे हलाक[10] करने का गम है अबस[11] तुम्हें
तुम शाद[12] जिन्दगानी करो गम बहुत है यां

शायद कि काम सुब्ह तक अपना खिंचे न 'मीर'
अहवाल[13] आज शाम से दरहम[14] बहुत है यां

---

1. चिनगारी की तरह, 2. हासित, 3. जगत, संसार, 4. आसमान, 5. ओस, 6, मन्दिर, 7. मतलब, अर्थ, 8. दुनिया, 9. हालांकि, 10. मृतक, कत्ल किया हुआ, 11. बेकार, 12. प्रसन्न, 13. हाल, स्थिति, 14. अस्त-व्यस्त।

117

करो तवक्कुल कि आशिक़ी में न यूं करोगे तो क्या करोगे

करो तवक्कुल[1] कि आशिक़ी में न यूं करोगे तो क्या करोगे
अलम[2] जो यह है तो दर्दमंदो कहां तलक तुम दवा करोगे

अख़ीरे-उल्फ़त यही नहीं है कि जलके आख़िर हुए पतंगे
हवा जो यां की ये है तो यारो गुबार बनकर उड़ा करोगे

बला है ऐसा तपीदने-दिल[3] कि सब्र इस पर है सख्त मुश्किल
दिमाग़ इतना कहां रहेगा कि दस्त-बर-दिल[4] रहा करोगे

अदम[5] में हमको ये ग़म रहेगा कि औरों पर अब सितम रहेगा
तुम्हें तो लत है सताने ही की किसू पे आख़िर जफ़ा[6] करोगे

अगर्चे अब तो ख़फ़ा हो लेकिन मुए[7] गए पर कभू हमारे
जो याद हमको करोगे प्यारे तो हाथ अपने मला करोगे

ग़मे-मुहब्बत से 'मीर' साहब बतंग[8] हूं मैं, फ़क़ीर हो तुम
जो वक़्त होगा कभी मुसाइदी[9] तो मेरे हक़ में दुआ करोंगे

---

1. सांसारिक साधनों का भरोसा हटाकर सारे काम ईश्वर की मर्जी पर छोड़ देना, 2. दुःख, 3. हृदय का तड़पना, 4. हृदय पर हाथ रखे, 5. परलोक, 6. अत्याचार 7. मरने, 8. तंग, 9. अच्छा।

118

यारो मुझे मुआफ रखो नशे में हूं

यारो मुझे मुआफ[1] रखो नशे में हूं
अब दो तो जाम[2] खाती ही दो मैं नशे में हूँ

मस्ती से दरहमी[3] है मेरी गुफ्तगू[4] के बीच
जो चाहो तुम भी मुझको कहो मैं नशे में हूं

या हाथों-हाथ तो मुझे मानिन्दे-जामे-मय[5]
या थोड़ी दूर साथ चलो में नशे में हूं

माजूर[6] हूं जो पांव मेरा बेतरह[7] पड़े
तुम सरगिरा[8] तो मुझसे न हो मैं नशे में हूं

भागी नमाज़े- जुम्अ[9] तो जाती नहीं है कुछ
चलता हूं में भी टुक तो रहो में नशे में हूं

नाज़ुक-मिज़ाज[10] आप क़यामत[11] है 'मीर' जी
जूं शीशा[12] मेरे मुंह न लगो में नशे में हूं

---

1. माफ, 2. शराब का गिलास, 3. अस्त.व्यस्तता, 4. वार्तालाप, 5. शराब के बर्तन की तरह, 6. मजबूर, विवश, 7. आड़ा-तिरछा, 8. नाराज, नाखुश, 9. जुमे (शुक्रवार) के रोज की बड़ी नमाज, 10. नरम प्रवृत्ति वाला, 11. प्रलय, भयानक, 12. बोतल की भांति ।

119

रुका जाता है जी अन्दर ही अन्दर आज गरमी से

रुका जाता है जी अन्दर ही अन्दर आज गरमी से
बला से चाक[1] ही हो जावे सीना टुक हवा आवे

उमीदे-रहम[2] उनसे सख़्त नाफ़हमी[3] है आशिक़ की
ये बुत संगी-दिली[4] अपनी न छोड़ें गर ख़ुदा आवे

हमारे दिल में आए से तकल्लुफ[5] गम को बेजा[6] है
ये दौलखाना[7] है उसका वो जब चाहे चला आवे

ब-रंग-ए-बू-ए-गुंचा उम्र इक ही रंग में गुज़रे
मयस्सर 'मीर'-साहिब गर दिल बे-मुद्दआ आवे

---

1. फटना, 2. रहम की उम्मीद, 3. नासमझी, 4. क्रूरता, पाषाण प्रवृत्ति, 5. हिचकिचाहट, 6. गलत, 7. घर।

120

लज़्ज़त से नहीं खाली जानों का खपा जाना

लज्जत से नहीं खाली जानों का खपा जाना
कब खज्रों-मसीहा[1] मे जीने का मजा जाना

कब बंदगी[2] मेरी सी बंदा करेगा कोई
जाने है ख़ुदा उसको मैं तुझको खुदा जाना

था नाज़ बहुत हमको दानिस्त[3] पर अपनी भी
आख़िर वो बुरा निकला हम जिसको भला जाना

ऐ शोरे-क़यामत[4] हम सोते ही न रह जाएं
इस राह से निकलो तो हमको भी जगा जाना

जाती है गुज़र जी पर उस वक्त क्रयायत सी
याद आवे है जब तेरा यक-बारगी आ जाना

---

1. हज़रत खिज्र और ईसा मसीह अमर माने गए हैं, 2. पूजा, 3. अक्लमन्दी, 4. क़यामत का कोलाहल ।

121

आराम हो चुका मिरे जिस्म-ए-नज़ार को

आराम हो चुका मिरे जिस्म-ए-नज़ार[1] को
रक्खे ख़ुदा जहाँ में दिल-ए-बे-क़रार को

पानी पे जैसे ग़ुंचा-ए-लाला[2] फिरे बहा
देखा मैं आँसुओं में दिल-ए-दाग़-दार[3] को

बरसा तो मेरे दीदा-ए-ख़ूँबार के हुज़ूर
पर अब तक इंफ़िआल है अब्र-ए-बहार को

हँसता ही मैं फिरूँ जो मिरा कुछ हो इख़्तियार[4]
पर क्या करूँ मैं दीदा-ए-बे-इख़्तियार[5] को

किस किस की ख़ाक अब की मिलानी है ख़ाक में
जाती है फिर नसीम[6] उसी रहगुज़ार[7] को

ऐ वो कोई जो आज पिए है शराब-ए-ऐश[8]
ख़ातिर[9] में रखियो कल के भी रंज-ओ-ख़ुमार[10] को

ख़ूबाँ का क्या जिगर जो करें मुझ को अपना सैद[11]
पहचानता है सब कोई तेरे शिकार को

---

1. कमज़ोर शरीर, 2. लाला की कली, 3. दाग़ों से भरा हृदय, 4. अधिकार, 5. जिन आंखों पर अधिकार न हो, 6. हवा, 7. रास्ता, 8. विलास की शराब, 9. हृदय, 10. दुख और नशा, 11. वो पशु-पक्षी जिसे शिकार किया जाए।

उस का ख़िराम देख के जाया न जाएगा

उस का ख़िराम[1] देख के जाया न जाएगा
ऐ कब्क[2] फिर बहाल[3] भी आया न जाएगा

हम कशतगान-ए-इशक़[4] हैं अब्रू[5]-ओ-चश्म-ए-यार [6]
सर से हमारे तेग़ का साया न जाएगा

हम रहरवान-ए-राह-ए-फ़ना[7] हैं बिरंग-ए-उम्र[8]
जावेंगे ऐसे खोज भी पाया न जाएगा

अब देख ले कि सीना भी ताज़ा हुआ है चाक[9]
फिर हम से अपना हाल दिखाया न जाएगा

हम बे-ख़ुदान-ए-महफ़िल-ए-तस्वीर[10] अब गए
आइंदा[11] हम से आप में आया न जाएगा

हम तो गए थे शैख़ को इंसान बूझ कर
पर अब से ख़ानक़ाह में जाया न जाएगा

याद उस की इतनी ख़ूब नहीं 'मीर' बाज़ आ [12]
नादान[13] फिर वो जी से भुलाया न जाएगा

---

1. चाल, 2. चकोर, 3. पहले जैसा, 4. प्रेम में मारे हुए, 5. भवें, 6. प्रिय के नेत्र, 7. मृत्यु पथ के पथिक, 8. आयु की भांति, 9. घायल, 10. मूर्तियों की भांति निश्चेष्ट, 11. भविष्य में, 12. संभल जा।

123

नहीं देखते सुब्ह अब आरसी

नहीं देखते सुब्ह अब आरसी
ख़फ़ा रहते हैं अपनी सूरत से हम

जो देखो वो क़ामत[1] तो मालूम हो
कि रू-कश[2] हुए हैं क़यामत[3] से हम

न टुक ला सका ताब जल्वे की दिल
गिला रखते हैं सब्र-ओ-ताक़त से हम

न मानी कोई उन ने फिर रूठ कर
मनाते रहे रात मिन्नत से हम

ख़ुदा से भी शब[4] को दुआ माँगते
न उस का लिया नाम ग़ैरत[5] से हम

रखा जिस को आँखों में इक उम्र अब
उसे देख रहते हैं हसरत[6] से हम

भरी आँखें लोहू से रहने लगीं
ये रंग अपना देखा मुरव्वत[7] से हम

न मिल 'मीर' अब के अमीरों से तू
हुए हैं फ़क़ीर[8] उन की दौलत से हम

---

1. क़द, 2. सामने, 3. प्रलय, 4. रात, 5. आत्मसम्मान, 6. निराशा, 7. आदर, 8. निर्धन।

124

जौर क्या क्या जफ़ाएँ क्या क्या हैं

जौर[1] क्या क्या जफ़ाएँ क्या क्या हैं
आशिक़ी में बलाएँ[2] क्या क्या हैं

गह[3] नसीम-ओ-सबा[4] है गाह सुमूम[5]
इस चमन में हवाएँ क्या क्या हैं

फ़िक्र-ए-ता'मीर-ए-दिल[6] किसू को नहीं
ऐसी वैसी बिनाएँ[7] क्या क्या हैं

शोर है तर्क-ए-शैख़[8] का लेकिन
चुपके चुपके दुआएँ क्या क्या हैं

मंज़र-ए-दीदा[9] क़स्र-ए-दिल[10] ऐ 'मीर'
शहर-ए-तन में भी जाएँ[11] क्या क्या हैं

1. अत्याचार, 2. मुसीबतें, 3. कभी, 4. प्रातः समीर, 5. गरम हवा, 6. दिल के निर्माण की चिन्ता, 7. निर्माण, 8. शैख़ का त्याग, 9. आंखों का दृश्य, 10. दिल का महल, 11. जगहें।

125

न दर्दमंदी से ये राह तुम चले वर्ना

न दर्दमंदी[1] से ये राह तुम चले वर्ना
क़दम क़दम पे थी याँ जा-ए-नाला-ओ-फ़रियाद[2]

चमन में उठते हैं सन्नाहटे से ऐ बुलबुल
जिगर-ख़राश[3] ये नाले हैं तेरे मुँह से ज़ियाद[4]

सबात-ए-क़स्र-ओ-दर-ओ-बाम-ओ-ख़िश्त-ओ-गिल[5] कितना
इमारत-ए-दिल-ए-दरवेश[6] की रखो बुनियाद

चमन में यार हमें ले गए थे वा न हुए[7]
हमारे साथ यही ग़म यही दिल-ए-नाशाद[8]

अगरचे[9] गंज भी है पर ख़राबियाँ हैं बहुत
न फिर ख़राबे में ऐ 'मीर' ख़ानमाँ[10]-बर्बाद

---

1. हमदर्दी, 2. रोने-पीटने का स्थान, 3. जिगर को चीर देने वाली, 4. अधिक, 5. महल, दरवाज़े, कोठे, ईंट और मिट्टी का स्थायित्व, 6. फ़क़ीर के दिल की इमारत, 7. न खुले, 8. अप्रसन्न दिल, 9. बहरहाल, हालाँकि, 10. घर-बार।

LIST OF TITLES WITH ISBN NO.

ISBN	TITLE
9788194914129	1984
9789390575220	1984 & Animal Farm (2In1)
9789390575572	1984 & Animal Farm (2In1): The International Best-Selling Classics
9789390575848	35 Sonnets
9789390575329	A Clergyman's Daughter
9789390575923	A Study In Scarlet
9789390896097	A Tale Of Two Cities
9789390896837	Abide in Christ
9789390896202	Abraham Lincoln
9789390896912	Absolute Surrender
9789390896608	African American Classic Collection
9789390575305	Aldous Huxley: The Collected Works
9789390896141	An Autobiography of M. K. Gandhi
9789390575886	Animal Farm
9789390575619	Animal Farm & The Great Gatsby (2In1)
9789390575626	Animal Farm & We
9789390896158	Anna Karenina
9789390575534	Antic Hay
9789390896165	Antony & Cleopatra
9789390896172	As I Lay Dying
9789390896226	As You like it
9789390575671	At Your Command
9789390575350	Awakened Imagination
9789390575114	Be What You Wish
9789390896233	Believe In yourself
9789390896998	Best of Charles Darwin: The Origin of Species & Autobiography
9789390896684	Best Of Horror : Dracula And Frankenstein
9789390575503	Best Of Mark Twain (The Adventures of Tom Sawyer AND The Adventures of Huckleberry Finn)
9789390896769	Black History Collection
9789390575756	Brave New World, Animal Farm & 1984 (3in1)

9789390896240	Brother Karamzov
9789390575053	Bulleh Shah Poetry
9789390575725	Burmese Days
9789390896257	Bushido
9789390896066	Can't Hurt Me
9788194914112	Chanakya Neeti: With The Complete Sutras
9789390896042	Crime and Punishment
9789390575527	Crome Yellow
9789390575046	Down and Out in Paris and London
9789390896844	Dracula
9789390575442	Emersons Essays: The Complete First & Second Series (Self-Reliance & Other Essays)
9789390575749	Emma
9789390575817	Essential Tozer Collection - The Pursuit of God & The Purpose of Man
9789390896578	Fascism What It Is and How to Fight It
9789390575688	Feeling is the Secret
9789390575190	Five Lessons
9789390575954	Frankenstein
9789390575237	Franz Kafka: Collected Works
9789390575282	Franz Kafka: Short Stories
9789390575060	George Orwell Collected Works
9789390575077	George Orwell Essays
9789390575213	George Orwell Poems
9788194914150	Greatest Poetry Ever Written Vol 1
9788194914143	Greatest Poetry Ever Written Vol 1
9789390896301	Gulliver's Travel
9789390575961	Gunaho Ka Devta
9789390575893	H. P. Lovecraft Selected Stories Vol 1
9789390575978	H. P. Lovecraft Selected Stories Vol 2
9789390896059	Hamlet
9789390575022	His Last Bow: Some Reminiscences of Sherlock Holmes
9789390896134	History of Western Philosophy
9789390575121	Homage To Catalonia

9789390896219	How to develop self-confidence and Improve public Speaking
9789390896295	How to enjoy your life and your Job
9789390575633	How to own your own mind
9789390896318	How to read Human Nature
9789390896325	How to sell your way through the life
9789390896370	How to use the laws of mind
9789390896387	How to use the power of prayer
9789390896028	How to win friends & Influence People
9788194824176	How To Win Friends and Influence People
9789390896103	Humility The Beauty of Holiness
9789390896653	Imperialism the Highest Stage of Capitalism
9789390575084	In Our Time
9789390575169	In Our Time & Three Stories and Ten poems
9789390575145	James Allen: The Collected Works
9789390896189	Jesus Himself
9789390575480	Jo's Boys
9789390896394	Julius Caesar
9789390575404	Keep the Aspidistra Flying
9789390896400	Kidnapped
9789390896424	King Lear
9789390575824	Lady Susan
9789390896455	Law of Success
9789390896264	Lincoln The Unknown
9789390575565	Little Men
9789390575640	Little Women
9788194914174	Lost Horizon
9789390896462	Macbeth
9789390896929	Man Eaters of Kumaon
9789390896523	Man The Dwelling Place of God
9789390896349	Man The Dwelling Place of God
9789390575909	Mansfield Park
9788194914136	Manto Ki 25 Sarvshreshth Kahaniya
9789390896509	Marxism, Anarchism, Communism
9789390575664	Mathematical Principles of Natural Philosophy

9788194914198	Meditations
9789390575800	Mein Kampf
9789390575794	Memory How To Develop, Train, And Use It
9789390896486	Mind Power
9789390896585	Money
9789390575039	Mortal Coils
9789390575770	My Life and Work
9789390896035	Narrative of the Life of Frederick Douglass
9789390575152	Neville Goddard: The Collected Works
9789390575985	Northanger Abbey
9789390896530	Notes From Underground
9789390896547	Oliver Twist
9789390575459	On War
9789390575541	One, None and a Hundred Thousand
9789390896554	Othelo
9789390575435	Out Of This World
9789390575015	Persuasion
9789390575510	Prayer The Art Of Believing
9789390575091	Pride and Prejudice
9789390896561	Psychic Perception
9789390575381	Rabindranath Tagore - 5 Best Short Stories Vol 2
9789390575367	Rabindranath Tagore - Short Stories (Masters Collections Including The Childs Return)
9789390575374	Rabindranath Tagore 5 Best Short Stories Vol 1 (Including The Childs Return
9789390896622	Romeo & Juliet
9789390896127	Sanatana Dharma
9789390575596	Seedtime & Harvest
9789390896639	Selected Stories of Guy De Maupassant
9789390575206	Self-Reliance & Other Essays
9789390575176	Sense and Sensibility
9789390575299	Shyamchi Aai
9789390896738	Socialism Utopian and Scientific
9789390896646	Success Through a Positive Mental Attitude
9789390575428	The Adventures of Huckleberry Finn

9789390575183	The Adventures of Sherlock Holmes
9789390575343	The Adventures of Tom Sawyer
9789390896691	The Alchemy Of Happiness
9789390575862	The Art Of Public Speaking
9789390896288	The Autobiography Of Charles Darwin
9788194914181	The Best of Franz Kafka: The Metamorphosis & The Trial
9789390575008	The Call Of Cthulhu and Other Weird Tales
9789390575107	The Case-Book of Sherlock Holmes
9789390896110	The Castle Of Otranto
9789390896745	The Communist Manifesto
9789390575589	The Complete Fiction of H. P. Lovecraft
9789390575497	The Complete Works of Florence Scovel Shinn
9789390896820	The Conquest of Breard
9789390896813	The Diary of a Young Girl
9789390896332	The Diary of a Young Girl The Definitive Edition of the Worlds Most Famous Diary
9789390575701	The Great Gatsby, Animal Farm & 1984 (3In1)
9789390575312	The Greatest Works Of George Orwell (5 Books) Including 1984 & Non-Fiction
9789390575992	The Hound of Baskervilles
9789390896707	The Idiot
9789390896714	The Invisible Man
9789390575657	The Knowledge of the holy
9789390575558	The Law & the Promise
9789390896721	The Law Of Attraction
9789390896776	The Leader in you
9789390896363	The Life of Christ
9789390896196	The Man-Eating Leopard of Rudraprayag
9789390896783	The Master Key to Riches
9789390575268	The Memoirs Of Sherlock Holmes
9789390896479	The Midsummer Night's Dream
9789390575466	The Mill On The Floss
9789390896790	The Miracles of your mind
9789390896660	The Mutual Aid A Factor in Evolution
9789390896448	The Origin of Species

9789390896905	The Peter Kropotkin Anthology The Conquest of Bread & Mutual Aid A Factor of Evolution
9789390896806	The Picture of Dorian Gray
9789390896271	The Picture of Dorian Gray
9789390575275	The Power Of Awareness
9789390896356	The Power of Concentration
9788194824169	The Power of Positive Thinking
9789390575411	The Power of the Spoken Word
9788194914105	The Power Of Your Subconscious Mind
9789390896899	The Power of Your Subconscious Mind
9789390896417	The Principles of Communism
9789390575787	The Psychology Of Mans Possible Evolution
9789390896615	The Psychology of Salesmanship
9789390575732	The Pursuit of God
9789390575398	The Pursuit of Happiness
9789390896851	The Quick and Easy Way to effective Speaking
9789390575947	The Return Of Sherlock Holmes
9789390575138	The Road To Wigan Pier
9789390896981	The Root of the Righteous
9789390575855	The Science Of Being Well
9788194914167	The Science Of Getting Rich, The Science Of Being Great & The Science Of Being Well (3In1)
9789390896011	The Screwtape Letters
9789390896073	The Screwtape Letters
9789390575336	The Secret Door to Success
9789390575695	The Secret Of Imagining
9789390896868	The Secret Of Success
9789390896431	The Seven Last Words
9789390575930	The Sign of the Four
9789390896004	The Sonnets
9789390896516	The Souls of Black Folk
9789390896875	The Sound and The Fury
9789390575244	The State and Revolution
9789390896882	The Story of My Life
9789390896936	The Story Of Oriental Philosophy

9789390896752	The Strange Case of Dr. Jekyll and Mr. Hyde
9789390896943	The Tempest
9789390575916	The Valley Of Fear
9789390575879	The Wind in the willows
9789390896080	The Wind in the willows
9789390575763	Their eyes were watching gofd
9789390575831	Three Stories
9789390896950	Twelfth Night
9789390896592	Twelve Years a Slave
9789390896677	Up from Slavery
9789390896974	Value Price and Profit
9789390896967	Wake Up and Live
9789390896493	With Christ in the School of Prayer
9789390575602	Your Faith is Your Fortune
9789390575473	Your Infinite Power To Be Rich
9789390575251	Your Word is Your Wand
9789390575718	Youth
9789391316099	A Christmas Carol
9789391316105	A Doll's House
9789391316501	A Passage to India
9789391316709	A Portrait of the Artist as a Young Man
9789391316112	A Tale of Two Cities
9789391316747	A Tear and a Smile
9789391316167	Agnes Gray
9789391316174	Alice's Adventures in Wonderland
9789391316136	Anandamath
9789391316181	Anne Of Green Gables
9789391316754	Anthem
9789391316198	Around The World in 80 Days
9789391316013	As A Man Thinketh
9789391316242	Autobiography of a Yogi
9789391316266	Beyond Good and Evil
9789391316761	Bleak House
9789391316778	Chitra, a Play in One Act
9789391316310	David Copperfield

9789391316075	Demian
9789391316785	Dubliners
9789391316051	Favourite Tales from the Arabian Nights
9789391316235	Gitanjali
9789391316068	Gravity
9789391316150	Great Speeches of Abraham Lincoln
9789391316662	Guerilla Warfare
9789391316839	Kim
9789391316822	Mother
9789391316211	My Childhood
9789391316846	Nationalism
9789391316327	Oliver Twist
9789391316853	Pygmalion
9789391316334	Relativity: The Special and the General Theory
9789391316389	Scientific Healing Affirmation
9789391316341	Sons and Lovers
9789391316587	Tales from India
9789391316372	Tess of The D'Urbervilles
9789391316396	The Awakening and Selected Stories
9789391316402	The Bhagvad Gita
9789391316303	The Book of Enoch
9789391316228	The Canterville Ghost
9789391316907	The Dynamic Laws of Prosperity
9789391316006	The Great Gatsby
9789391316860	The Hungry Stones and Other Stories
9789391316433	The Idiot
9789391316440	The Importance of Being Earnest
9789391316297	The Light of Asia
9789391316914	The Madman His Parables and Poems
9789391316457	The Odyssey
9789391316921	The Picture of Dorian Gray
9789391316464	The Prince
9789391316938	The Prophet
9789391316945	The Republic
9789391316518	The Scarlet Letter

9789391316143	The Seven Laws of Teaching
9789391316525	The Story of My Experiments with Truth
9789391316532	The Tales of the Mother Goose
9789391316549	The Thirty Nine Steps
9789391316594	The Time Machine
9789391316600	The Turn of the Screw
9789391316983	The Upanishads
9789391316617	The Yellow Wallpaper
9789391316426	The Yoga Sutras of Patanjali
9789391316990	Ulysses
9789391316624	Utopia
9789391316679	Vanity Fair
9789391316020	What Is To Be Done
9789391316686	Within A Budding Grove
9789391316693	Women in Love

www.ingramcontent.com/pod-product-compliance
Lightning Source LLC
LaVergne TN
LVHW102104041026
849558LV00002B/51
* 9 7 8 9 3 6 2 0 5 2 4 3 8 *